Der »spontane Ausdruck mächtiger Gefühle«, der sich im Titel dieser Sammlung spiegelt, betrifft nur einen, wenn auch wichtigen Aspekt der englischen Romantik. Was die im vorliegenden Band versammelten sechs Dichter dieser Epoche jenseits aller Verschiedenheit in Thematik, Form und Sprache ihres Œuvres miteinander verbindet, ist das Bewußtsein der Freiheit von überkommenen Normen und Konventionen, ob politischer, gesellschaftlicher oder ästhetischer Art. Dabei nimmt die neugewonnene Freiheit auf ganz unterschiedliche Weise Gestalt an: als verschlüsselte Vision etwa bei William Blake, als Rückzug in eine mystifizierte Natur bei Wordsworth, als Entgrenzung lebensweltlicher Erfahrung bei Coleridge. Während Keats in der Feier des Schönen inmitten der Melancholie des Vergänglichen eher zu einer eskapistischen Lösung tendierte, pflegten Shelley und Byron in ihrem Lebensstil die Attitüde des provokanten Außenseiters und Rebellen gegen etablierte Institutionen.

insel taschenbuch 2180
Ganz mein Herz dir hingegeben

Ganz mein Herz dir hingegeben

GEDICHTE DER
ENGLISCHEN ROMANTIK

Herausgegeben von Norbert Kohl
Mit farbigen Abbildungen
Insel Verlag

insel taschenbuch 2180
Erste Auflage 1998
Originalausgabe
© Insel Verlag Frankfurt am Main und Leipzig 1998
Alle Rechte vorbehalten
Text- und Bildnachweise am Schluß des Bandes
Vertrieb durch den Suhrkamp Taschenbuch Verlag
Umschlag nach Entwürfen von Willy Fleckhaus
Satz und Druck:
MZ Verlagsdruckerei GmbH, Memmingen
Printed in Germany

1 2 3 4 5 6 – 03 02 01 00 99 98

Ganz mein Herz
dir hingegeben

WILLIAM BLAKE

LIEDER DER UNSCHULD

Das klingende Grün

Die Sonne erwacht
zu himmlischer Pracht;
die Glocken erklingen,
den Frühling zu singen;
die Drossel im Hag,
die Lerche am Tag,
die stimmen so schön
zu der Glocken Getön
und der Spiele Beginn
auf dem klingenden Grün.

Jan, die Haare schlohweiß,
sitzt heut fröhlich im Kreis
der Alten und Frauen
an der Eiche; sie schauen
und lauschen dem Schall,
und bald lächeln all:
»So hielten's auch wir,
als wir jung waren hier
und die Sonne uns schien
auf dem klingenden Grün.«

Bis müde die Kleinen
beginnen zu weinen;
die Sonne sich wendet,
das Spiel ist beendet.
Im Schoße der Mütter
viel' Schwestern und Brüder
wie Vöglein im Nest
entschlummern schon fest;

das Spiel starb dahin
auf dem dunkelnden Grün.

Das Lamm

Kleines Lamm, wer schuf dich?
Weißt du wohl, wer schuf dich,
lieh dir Leben, ließ dich grasen
an dem Strome auf dem Rasen,
gab ein Kleid dir, weich und wollig,
glänzend, schön und warm und mollig,
macht' dein Stimmchen also fein,
daß sich alle Täler freun?
Kleines Lamm, wer schuf dich?
Weißt du wohl, wer schuf dich?

Kleines Lamm, ich sag's dir!
Kleines Lamm, ich sag's dir!
Er ist aus deinem Stamm,
denn er nennt sich selbst ein Lamm.
Er ist milde, er ist lind,
er ward selbst ein kleines Kind.
Ich ein Kind und du ein Lamm,
beide wir aus seinem Stamm.
Lämmchen, Gott behüt dich!
Lämmchen, Gott behüt dich!

Der kleine schwarze Knabe

Meine Mutter gebar mich als Negerkind,
denn die Sonne im wilden Süden brennt heiß;
weiß wie Engel die englischen Kinder sind,
ich bin schwarz, doch meine Seele ist weiß.

Meine Mutter der Hitze des Tages entwich
mit mir unter schattiger Bäume Dach,
sie nahm auf den Schoß mich und küßte mich
und wies mit dem Finger nach Osten und sprach:

»Da, wo die Sonne aufgeht, wohnt Gott,
der sein Licht uns schenkt und schenkt seine Glut;
und Blumen und Tieren und Menschen dort
bringt der Morgen Trost und der Tag frohen Mut.

Und wir leben auf Erden nur kurze Zeit,
bis ertragen wir können der Liebe Licht;
und der schwarze Leib ist nur ein Wolkenkleid,
und ein Schatten das sonnverbrannte Gesicht.

Wenn die Seele die Hitze nicht mehr fühlt,
weicht die Wolke; dann ruft uns der Herr der Welt:
›Kommt her aus dem Schatten, ihr Kinder, spielt
wie Lämmer um mein goldenes Zelt.‹«

So sprach meine Mutter und küßt' mich dabei,
und so sprech ich zum kleinen englischen Kind:
Wenn von schwarzer und weißer Wolke frei
um Gottes Zelt wir wie Lämmer sind,

will ich vor der Hitze ihm Schatten sein,
bis an Gottvaters Knie er kann lehnen sich,

und ihm streicheln die silbernen Haare fein
und ihm gleich sein, und dann liebt er mich.

❧

Die Blüte

Kleiner, lustiger Spatz,
eine frohe Blüte
unter grünen Blättern
sieht behend dich hüpfen,
in dein Nestlein schlüpfen
bei meinem Herzen.

Holde Nachtigall
eine frohe Blüte
unter grünen Blättern
hört dich schluchzen, schluchzen,
holde Nachtigall,
bei meinem Herzen.

❧

Der Schornsteinfeger

Als Mutter starb, war ich klein noch und schwach,
kaum konnte ich stammeln »Ach, ach! Ach, ach!«
Da verdingte mich schon mein Vater, ich muß
eure Essen nun kehren und schlafen im Ruß.

Der kleine Tom Dacre schrie laut, als den Kopf
man ihm schor (wie ein Lammfell so kraus war sein Schopf).

Ich sagte: »Still, Tom, ist der Kopf erst bar,
schwärzt der Ruß dir nicht mehr dein Silberhaar.«

Da war er still, und nachts in dem Raum,
wo Tom schlief, da hatte er einen Traum:
An tausend Kaminkehrer, Dick, Joe, Ned, Jack,
waren alle in schwarze Särge verpackt.

Da kam ein Engel mit Schlüsseln herbei,
schloß die Särge auf und ließ alle frei;
und alle rannten lachend davon
und badeten sich im Fluß und der Sonn'.

Dann kletterten nackend und weiß sie geschwind
auf Wolken und segelten los mit dem Wind;
und der Engel sagt' Tom, wenn er artig wär,
schenkte Gottvater ihm noch viel Freuden mehr.

Da erwachte Tom, und wir standen auf
und trabten zur Arbeit im eiligen Lauf.
Der Morgen war kalt, doch Tom glücklich und warm;
wenn all ihre Pflicht tun, hat keiner mehr Harm.

Der kleine verlorene Junge

»Vater, Vater, wo gehst du hin?
Oh geh so schnell nicht fort.
Sprich, Vater, zu deinem Jungen sprich,
ich bin verloren sonst.«

Die Nacht war dunkel, kein Vater war da,
Tau näßte des Kindes Gewand;
der Sumpf war tief, und der Junge rief,
und hinweg das Spukbild schwand.

Der kleine wiedergefundene Junge

Der Junge, verloren im einsamen Sumpf,
vom Irrlicht geführt im Kreis,
wollt weinen da, doch Gott, stets nah,
erschien wie sein Vater in Weiß.

Er küßte das Kind und nahm's an der Hand
und bracht es zur Mutter nach Haus,
die vor Kummer fahl durch das einsame Tal
nach dem Kleinen schaute aus.

Das göttliche Ebenbild

Um Gnade, Frieden, Mitleid, Lieb
der Mensch in Trübsal fleht,
und diesen frohen Mächten gilt
sein stetes Dankgebet.

Denn Gnade, Frieden, Mitleid, Lieb
Gott, unser Vater, sind,
und Gnade, Frieden, Mitleid, Lieb
sind Mensch, sein liebstes Kind.

Denn Gnade hat ein menschlich Herz,
ein Menschengesicht Mitleid,
Liebe hat göttliche Menschengestalt
und Friede ein Menschenkleid.

Drum jeder Mensch in jedem Land,
dem sonst kein Trost verblieb,
ruft an in göttlicher Menschengestalt
Gnad, Frieden, Mitleid, Lieb.

Und alle lieben die Menschengestalt,
ob Türk, ob Jud, ob Heid:
wo Gnade, Liebe, Mitleid wohnt,
da ist auch Gott nicht weit.

Himmelfahrt

Am Heiligen Donnerstage war's: mit unschuldigem Sinn
gingen die Kinder zwei und zwei in Rot und Blau und Grün;
vorweg grauköpfige Hüter, weiße Stäbe in der Hand,
und wie der Themsefluß der Strom im Dom St. Pauls
                                                    verschwand.

O diese Blumen Londons, welch ein vielfältiger Kranz,
bankweis in Reihen saßen sie in eignem Strahlenglanz.
Gesumme all der Menge war, der Menge Lämmer, da,
zehntausend Knaben und Mädchen man die Händchen
                                                    erheben sah.

Nun wie ein mächtiger Wind erhob zum Himmel sich
                                                    ihr Sang,

wie ein harmonisches Donnern er zum Himmelssitz
sich schwang;
darunter ragten alte Männer, die Armenpfleger, herfür;
habt mit den Armen Mitleid, ihr weist sonst Engel von
eurer Tür.

Kindchen Freude

»Ich hab keinen Namen:
ich bin erst zwei Tag alt.«
Wie ruf ich dich bloß?
»Ich bin froh,
nenn mich so.«
Freude sei dein Los!

Hübsche Freude!
Freude zwei Tag alt,
Freude ruf ich dich bloß.
Lächle du,
ich sing dazu,
Freude sei dein Los!

Auf fremden Kummer

Kann ich sehen fremde Pein
und nicht selbst voll Kummer sein?
Kann ich sehen fremden Schmerz,
daß nicht Mitleid fühlt mein Herz?

Kann ich sehen Tränen quilln
und nicht suchen, sie zu stilln?
Kann ein Vater wohl sein Kind
weinen sehn und stelln sich blind?

Kann die Mutter hören schrein
ungerührt ihr Kindchen klein?
Nein, nein, nimmer kann das sein!
Nimmer, nimmer kann das sein!

Und kann er, der alle liebt,
hören, wenn ein Vöglein piept,
ein Zaunkönig klagt und schreit,
hören eines Kindes Leid

und ans Nest sich setzen nicht,
trösten sanft den kleinen Wicht,
und nicht auf der Wiege Rand
legen seine milde Hand

und nicht sitzen Tag und Nacht,
trocknen unsre Tränen sacht?
O nein! nimmer kann das sein!
Nimmer, nimmer kann das sein!

Er schenkt uns die Freude sein,
er wird selbst ein Kindchen klein,
er wird selbst ein Mann voll Schmerz,
er hat selbst ein fühlend Herz.

Glaub nicht, daß du seufzen kannst
und dein Schöpfer ist nicht da;
glaub nicht, daß du weinen kannst
und dein Schöpfer ist nicht nah.

Immerdar ist er bereit,
daß er lindre unser Leid;
bis der Kummer uns gibt frei,
steht er sanft mit Trost uns bei.

LIEDER DER ERFAHRUNG

Himmelfahrt

Ist ein heiliger Anblick dies,
daß in solchem reichen Land
Kinder man ins Elend stieß,
speist mit kalter, karger Hand?

Ist dies Kreischen dort ein Sang?
Kann's ein Sang der Freude sein?
Wo so viele Kinder krank?
Arm muß solches Land wohl sein!

Keine Sonne dahin scheint,
kahl das Feld steht immerfort,
Dornen sperren jeden Pfad:
es ist ewiger Winter dort.

Denn wohin das Sonnenlicht
und wohin der Regen fällt,
können Kinder hungern nicht,
Armut keine Lust vergällt.

Das kleine verlorene Mädchen

Einmal wird es sein,
laßt euch prophezein,
daß die Erd erwacht
(auf den Spruch gebt acht)

aus des Schlafes Bann,
sucht den Schöpfer dann,
und die Wüste wild
wird ein Garten mild.

In des Südens Lust,
wo des Sommers Blust
nimmer mag vergehn,
lag Klein Lyca schön.

Sieben Sommer war
Lyca, sieben Jahr;
war gewandert lang,
hörte Vogelsang.

»Komme, süßer Traum,
unter diesen Baum.
Ob die Eltern schrein,
wo mag Lyca sein?

Hier im Wüstenwind
irrt jetzt euer Kind.
Schläft Klein Lyca ein,
weint ihr Mütterlein?

Wenn das Herz ihr bricht,
schlafe Lyca nicht;

schläft mein Mütterlein,
Lyca dann nicht wein'.

Finstre, finstre Nacht,
halte Wüstenwacht,
schicke Mondlicht still,
weil ich schlafen will.«

Lyca lag und schlief.
Aus den Höhlen tief
kamen Tiere nun,
sahn das Mädchen ruhn.

König Löwe stand
starrend unverwandt,
tanzte dann im Rund
auf dem heiligen Grund.

Panther, Tiger mehr
hüpften um sie her;
doch der Löwe alt,
Mähnengold umwallt,

senkte Kopf und Bart,
leckt' die Brust ihr zart,
und dem Aug entquoll
roter Tränen Zoll;

und das Löwenweib
zog das Kleid vom Leib,
und zur Höhle hin
trug sie nackt die Schläferin.

Das kleine wiedergefundene Mädchen

All die Nacht voll Leid
Lycas Eltern beid
gingen durch das Land
tief im Wüstensand.

Gingen Arm in Arm,
weinend voller Harm,
ihren schweren Gang
sieben Tage lang,

sieben Nächte auch;
schliefen unterm Strauch,
träumten, daß ihr Kind
starb im Wüstenwind.

Ohne Pfad und Spur
führt' dies Bild sie nur,
hungernd, weinend, schwach,
seufzend »Weh« und »Ach«.

Schlaflos schleppt' das Weib
ihren müden Leib,
schleppt die Füße schwer.
konnt nicht weiter mehr.

Auf die Arme nahm
er sie voller Gram;
als auf ihren Pfad
jäh ein Löwe trat.

Nutzlos war die Flucht:
seiner Mähne Wucht

traf sie allzu schwer.
Er ging um sie her,

witternd wie nach Blut;
doch wie ward ihr Mut,
als er, ihre Hand
leckend, schweigend stand.

Und ihr Staunen wuchs,
als der Löwe flugs
ward zu einem Geist,
ganz von Gold umgleißt.

Golden floß sein Haar
von der Stirne klar,
die ein Reif umwand.
Ihre Sorge schwand.

»Folgt mir«, sagte er,
»weint nicht länger mehr;
im Palaste mein
schläft euer Lyca klein.«

Und sie folgten ihm
zu der Höhle hin,
wo ihr Kind schlief gut
in der Tiger Hut.

In der Einsamkeit
hausen sie noch heut;
scheun des Löwen Murrn
nicht noch Wolfes Knurrn.

Der Schornsteinfeger

Ein kleiner schwarzer Knirps im Schnee
ruft immerfort: »Ach weh! Ach weh!«
»Wo sind denn Vater und Mutter hin?«
»In der Kirche beide und beten drin.

Weil ich glücklich war draußen auf dem Land
und lächelte im Winterschnee,
gaben sie mir dies Bußgewand
und lehrten mich zu rufen: ›Ach weh!‹

Und weil ich springe und singe gern,
meinen sie, das brächte mir Brot,
und loben Gott, seine Priester und Herrn,
die den Himmel erbaun aus unserer Not.«

Die kranke Rose

O Rose, du krankst!
Der tückische Wurm,
der fliegt in der Nacht,
im heulenden Sturm,

fand aus dein Bett
voll rosiger Lust,
seine düstere Liebe
zernagt dir die Brust.

Die Fliege

Kleine Fliege du,
deinem Sommerspiel
meine achtlose Hand
setzte das Ziel.

Gleich ich nicht auch
einer Fliege wie dir?
Und gleichst nicht du
einem Menschen wie mir?

Denn tanze und trinke
und singe ich nicht,
bis ein täppischer Griff
die Schwinge mir bricht?

Wenn Denken ist Leben
und Atem und Kraft,
und Mangel an Denken
hinweg uns rafft,

bin auch ich eine Fliege
und es hat keine Not,
ob ich nun lebe
oder bin tot.

Der Tiger

Tiger, Tiger, grelle Pracht
in den Dickichten der Nacht,
wes unsterblich Aug und Hand
wohl dein furchtbar Gleichmaß band?

Welcher Abgrund, welche Ferne
barg die Glut der Augensterne?
Welche Flügel mag er schwingen?
Welche Hand das Feuer zwingen?

Welche Armkraft konnte dehnen,
knüpfen deines Herzens Sehnen,
und als endlich schlug dein Herz,
welche Hand der Füße Erz?

Welcher Amboß, welcher Hammer
schmiedete des Hirnes Kammer?
Welcher Griff und Zwang genügte,
daß er solche Schrecken fügte?

Als die Sterne sich erschreckten,
weinend ihre Waffen streckten,
freute da des Werks er sich?
Schuf, der's Lamm erschuf, auch dich?

Tiger, Tiger, grelle Pracht
in den Dickichten der Nacht,
wes unsterblich Aug und Hand
furchtlos dieses Gleichmaß band?

William Blake, Der Tiger, 1789.
Handkolorierter Kupferstich

London

Die feilen Straßen gehe ich,
wo fließt der feile Themsefluß,
in jedem Antlitz sehe ich
Spuren von Gram und von Verdruß.

In jedem Schrei von jedermann,
in Kindesjammern, Stimmenwirrn,
in jedem Fluch ich hören kann
vom Geist geschmiedet Fesseln klirrn.

Wie des Schornsteinfegers Ruf
rußige Kirchen läßt erschauern,
des Soldaten Murrn wie Blut
rinnt von der Paläste Mauern.

Doch zumeist in Mitternachtsgassen
hör ich junger Huren Fluch,
die des Säuglings Träne hassen,
Pest streun auf der Ehe Leichentuch.

Das menschliche Wesen

Mildtätigkeit gäb's nicht mehr,
wär niemands Beutel leer,
und Mitleid kennt' keiner hier,
wärn alle glücklich wie wir.

Frieden aus Furcht es gibt,
bis Selbstsucht erst recht sich liebt:

die Arglist legt Schlingen dann aus
und breitet Köder zum Schmaus.

Sie sitzt mit bangem Mut,
netzt den Grund mit Tränenflut.
Die Demut durch den Guß
sprießt unter ihrem Fuß.

Bald über ihrem Haupt
des Wunders Schatten laubt;
und die Raupe und Fliege dreist
werden vom Wunder feist.

Auch bringt es Frucht, heißt Trug,
ist rot und süß genug;
und der Rabe baut sein Genist,
wo's Dunkel am dicksten ist.

Die Götter von Land und Meer
suchten, wo der Baum wohl wär;
vergebens: nicht in der Natur,
im Menschenhirn wächst der nur.

Kindchen Kummer

Meine Mutter stöhnte, mein Vater litt:
so tat ich ins Leben den ersten Schritt,
hilflos, nackend, weinend laut:
ein Teufelchen in Menschenhaut.

Strampelnd in meines Vaters Hand,
sträubend mich gegen mein Wickelband,
umschnürt und müde, ward mir bewußt:
am besten, ich schmolle an Mutters Brust.

Ein kleiner verlorener Junge

»Nichts liebt den Nächsten wie sich selbst,
noch ehrt es einen andren mehr;
auch kann das Denken denken nicht,
was größer als es selber wär.

Und, Vater, kann ich lieben dich
und einen meiner Brüder mehr?
Ich liebe wie ein Vöglein dich,
das pickt die Krumen rings umher.«

Ein Pfaff saß da und hört das Kind;
er packt's am Schopf in frommer Wut,
zerrt es an seinem Kittel fort,
und jeder pries des Priesters Glut.

Am Altar stehend, sprach er dann:
»Seht, welch ein Teufel geht hier um!
Der Gründe klaubt und deuteln will
am heiligsten Mysterium!«

Des Kindes Weinen war umsonst,
umsonst die Eltern weinten sehr;
man zog es aus bis auf das Hemd
und legte es in Ketten schwer.

Es ward verbrannt auf heiligem Platz,
wo vordem viele schon verbrannt;
die Eltern weinten ganz umsonst.
Ist dies geschehn an Albions Strand?

Ein kleines verlorenes Mädchen

Kinder ihr der künftigen Zeiten,
lest ihr diese schlimmen Seiten,
wißt, daß Liebe, Liebe süß,
einstmals ein Verbrechen hieß.

In der Goldnen Zeit,
wo kein Schnee geschneit,
Jung- und Mädchenschar
bot sich ganz und gar
nackt dem heiligen Licht der Sonne dar.

Einst ein Pärchen schlich,
das sehr liebte sich,
ins Gebüsch beiseit,
wo der Dunkelheit
Schleier schon dem Licht geöffnet weit.

Dort im Morgenschein
kosten sie zu zwein
ganz in Heimlichkeit;
Eltern waren weit,
und die Maid vergaß die Schüchternheit.

Müd vom Küssen dann
schieden sie, bis wann
sanft der Schlummer mild
senkt' sich aufs Gefild
und den Weg der müde Wandrer schilt.

Zu dem Vater greis
kam das Mädchen leis;
doch sein Blick, der frug,
wie das Heilige Buch
ihre Glieder ganz mit Schrecken schlug.

Der Schuljunge

Ich hab den Sommermorgen gern,
wenn überall Vogelsang klingt,
der Jäger stößt in sein Hifthorn fern
und die Lerche mit mir singt.
O welch frohe Gesellschaft mir winkt!

Doch am Sommermorgen zur Schule gehn,
das macht gewiß keinen Spaß;
unter scheelen Augen, die alles erspähn,
sitzen im finstern Gelaß
und seufzen ohn Unterlaß.

Dann bin ich manchmal ganz verzagt,
und die Stunden werden mir lang,
das dumme Buch mir gar nicht behagt,
ich sitze nicht recht in der Bank,
und das trockne Zeug macht mich krank.

Der Vogel, der in den Lüften schwirrt,
wird er im Käfig singen?
Und soll ein Kind, von Angst verwirrt,
nicht hängen lassen die Schwingen,
anstatt im Frühling zu springen?

O Vater und Mutter, wenn Knospen man bricht
und die Blüten der Sturm verheert,
wenn zarten Pflanzen man das Licht
und die Frühlingsfreude verwehrt
und das Herz mit Kummer beschwert,

woher soll der Sommer dann nehmen Kraft,
wie können Früchte entstehn,
wie sollen wir ernten, was Kummer entrafft,
wie festlich das Jahr begehn,
wenn Winterstürme wehn?

WILLIAM
WORDSWORTH

Wir sind sieben

Ein schlichtes Kind,
Das fröhlich geht und atmet leis
Und Leben spürt in jedem Glied,
Was es vom Tod wohl weiß?

Ich traf ein Häuslermädchen, klein;
Sie sprach, sie sei acht Jahr.
Rings um das Köpfchen ringelte
In Locken sich ihr Haar.

Gekleidet nach der Bauern Tracht
Und wie die Wäldler gehn;
Ihr Aug, es hat mich froh gemacht –
War schön und vielmals schön.

»Schwestern und Brüder, liebes Kind.
Wie viele seid ihr, sprich.«
Sie sagte leicht: »Zu siebent sind
Wir ja« und wundert sich.

»Wo sind sie, bitte, sag es mir!«
»Zwei sind zur See schon früh«,
Sprach sie, »und zwei, das wären vier,
In Conway leben sie;

Auf unserm Gottesacker ruhn
Bruder und Schwesterlein;
Mit meiner Mutter wohn ich nun
Im Friedhofshaus allein.

»Wenn zwei zur See gegangen sind,
In Conway zwei geblieben,

Warum sagst du dann, liebes Kind,
Zu mir, ihr wäret sieben?«

»Ja, sieben« sie zur Antwort gab,
Als hörte sie mich kaum:
»Zwei liegen still in ihrem Grab
Dort unterm Schattenbaum.«

»Du tollst umher, du kleine Maid,
Mit Wangen, warm und rot,
Und lächelst, ach, nur fünf ihr seid,
Denn zwei sind lange tot.«

»Nein, sieben«, widersprach sie mir,
»Ich seh die Gräber blühn
Zwölf Schritt von meiner Mutter Tür
In Moos und Immergrün.

Ich sitze gern bei ihnen dort
Und werd es nimmer müd
Und sag zu ihnen manches Wort
Und sing für sie ein Lied.

Und oft, wenn klar der Tag geht aus
Am Himmel, tief und rot,
Setz ich zu ihnen mich hinaus,
Eß dort mein Abendbrot.

Zuerst auf ihrem Bettchen lag
Krank meine Schwester Jane;
Da sie sich quälte Tag um Tag,
Ließ Gott sie von uns gehn.

Zum Bett ward nun der Friedhof ihr.
Aufwuchs Gras und Moon,
Spielten an ihrem Grabe wir.
Ich und mein Bruder John.

Und als der Schnee die Erde dann
Bedeckte weiß und tief,
Da wars, daß meinen Bruder John
Die Schwester zu sich rief.«

»Wie viele, wenn der Tod sie nahm«,
Frug ich, »seid ihr geblieben?«
Und wiederum die Antwort kam
Des Kindes: »Wir sind sieben.«

»Begreifst du nicht, Gott nimmt uns fort
Die Toten, die wir lieben.«
Doch unnütz war ein jedes Wort,
Das Mädchen sagte immerfort
Zu mir: »Herr, wir sind sieben.«

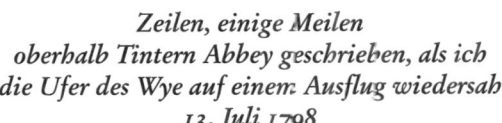

Zeilen, einige Meilen
oberhalb Tintern Abbey geschrieben, als ich
die Ufer des Wye auf einem Ausflug wiedersah
13. Juli 1798

Fünf Jahre gingen hin, fünf Sommer wechselnd
Mit soviel langen Wintern! Nun aufs neue
Hör ich die Wasser von den Bergen rollen
Mit süß eintöngem Murmeln, sehe wieder
All diese steilen, luft'gen Klippen ragen,

Die in der wilden tiefen Einsamkeit
Noch tiefer einsamer das Sinnen prägen
Und Himmelsruhe an die Erde knüpfen. –
Gekommen ist der Tag: Ich ruhe wieder
Im Schatten dieser dunklen Sykomore
Schau auf die Hütten und den Obstbaum nieder,
Der mit des Frühjahrs unscheinbaren Früchten
In Wäldern und in Büschen sich verlierend,
Mit der bescheidnen Farbe kaum den Eindruck
Der wilden, grünen Landschaft unterbricht.
Die Hecken seh ich, Hecken kaum zu nennen,
Nein Streifen lust'gen Waldes, dort die Farmen
Mit grünen Wiesen bis zur Türe, kräuselnd
Seh ich den Rauch aus Busch und Bäumen steigen
Mit ungewisser Kunde von den Menschen,
Die obdachlos im wilden Forste hausen
Und Ruhe suchen, oder von der Höhle
Des Eremiten, der bei seinem Feuer
Dort einsam sitzt. –
                        Wohl war ich lange fern,
Doch war mir alle diese Schönheit nicht,
Was eine Landschaft einem Blinden ist.
Nein oft im stillen Zimmer, im Getöse
Der Städte, hab ich ihr allein zu danken,
Wenn mir ein süß Gefühl in müden Stunden
Die Adern schwellte und das Herz erfüllte
Und einen reinern Geist in mir erweckte
Voll tiefer Ruhe: Die Erinnerung
An lang vergessene Freuden, deren Macht
Und Einfluß nicht gering ist auf das Beste,
Was eines guten Menschen Leben zeigt,
Die kleinen Handlungen von Lieb und Güte,
Die namenlos und ungebucht geblieben.
– Noch eine andre Gabe dank ich ihr

Erhabner noch: die segensvolle Stimmung,
Wo uns die Bürde der Geheimnisse,
Und wo uns die ermüdend schwere Last
All dessen, was unfaßbar auf der Erde,
Erleichtert wird: Die reine hohe Stimmung,
Wo uns die Liebe sanft und still geleitet,
Bis, wenn der Odem in des Körpers Hülle,
Der Pulsschlag selbst in uns zu stocken scheint,
Den Körper Schlaf umfängt, doch unsre Seele
Zum Leben erst erwacht, und wir mit Augen,
Die von der Freude und der Harmonien Macht
Beruhigt sind, ins Sein der Dinge schauen.

Und dieses wär ein eitler Glaube? Oft
In Dunkelheit, inmitten der Gestalten
Des öden Tageslichts, wenn lautes Tosen
Mir unfruchtbar im Fieber dieser Welt
Den Schlag des Herzens dumpf beengen wollte,
Wie oft bin ich im Geist zu dir geeilt
O schatt'ger Wye! Du Wandrer durch die Wälder,
Wie oft hat sich mein Geist zu dir gesellt! –

Nun seh ich mit Gedanken, halb verloschen,
Und mit Erinnerungen, schwach und blaß,
Mit Staunen, das mich traurig fast berührt,
Aufs neue sich des Geistes Bild beleben.
Und so genieße ich jetzt nicht allein
Die gegenwärt'ge Freude, nein ich hoffe,
Daß ich jetzt Nahrung hier und Leben finde
Für künft'ge Jahre. Dieses darf ich hoffen,
Wenn ich auch zweifellos ein andrer bin,
Als da zuerst ich diese Hügel sah
Und flüchtig wie das Reh auf Bergen sprang,
An tiefen Flüssen, an verborgnen Strömen,

William Turner, Das Innere der Tintern Abbey, 1794.

Wohin der Pfad mich führte, mehr wie jemand,
Der etwas, was er fürchtet, flieht, als wer
Das suchet, was er liebt. Denn die Natur,
(Als meiner Kinderjahre frohes Leben,
Die niedre Lust am Laufen, Springen schwand)
War alles mir in allem. Wie beschreib ich
Das, was ich war? Der Ton des Wasserfalls
Verfolgte mich wie eine Leidenschaft;
Der hohe Fels, der Berg, der dunkle Wald
All jene Formen, Farben waren mir
Begierde, waren Liebe und Empfindung,
Die mehr entlegner Reize nicht bedurften,
Wie sie das Denken leiht, noch eines Anteils,
Der nicht durchs Auge kommt. Das ist vorbei;
Die schmerzensreichen Freuden sind dahin,
Dahin ist all das unbesonnene Glück.
Doch darum klage ich und murr' ich nicht;
Denn andre Gaben folgten, und sie waren
Ein reichlicher Ersatz für das Verlorne.
Ich lernte dich Natur voll Ernst betrachten,
Nicht wie zur Zeit gedankenloser Jugend.
Oft lauschte ich der süßen, schwermutvollen
Musik der Menschheit, die nicht herb und schrill,
Nein, machtvoll rein'gend und besänft'gend wirkt.
Dann fühlt ich um mich, was mir selbst die Freude
Erhabnen Denkens störte, hoher Sinn
Von etwas, das ins tiefste Wesen dringt,
Das in dem Licht der Abendsonne wohnt,
Im großen Weltmeer, der belebten Luft,
Dem blauen Himmel und des Menschen Seele:
Ein Antrieb und ein Geist, der alles zwingt,
Was der Gedanke sich als Vorwurf wählt,
Und der durch alle Dinge ewig strömt. –
So lieb ich heute noch die Wiesen, Wälder,

Die Berge und was auf der grünen Erde
Wir rings erschauen, jene mächt'ge Welt
Von Ohr und Auge, die sie halb sich schaffen,
Wahrnehmen halb. Und froh erkenne ich
In der Natur und in der Sinne Sprache
Den Anker reinsten Denkens, die Ernährer,
Die Führer und die Wächter meines Herzens,
Die Seele meines ganzen Innenlebens.

Doch selbst, wenn ich dies nicht so tief empfände,
So wär mein Genius vor dem Fall bewahrt;
Du weilest bei mir hier an diesem Ufer
Des schönen Flusses, du mein liebster Freund.
O liebster Freund; aus deiner frohen Stimme
Hör ich die Sprache meines jungen Herzens
Und lese frühe Freuden in dem Blitz
Der wilden Augen! Oh recht lange noch
Möcht ich in dir, was einst ich war, erblicken.
O teure Schwester! Betend fleh ich dies,
Wohl wissend, daß Natur den nie betrügt,
Der treu sie liebt; denn ihr gehört das Vorrecht,
Uns durch die ganze Lebenszeit zu führen,
Von Lust zu Lust; denn sie allein vermag
Den Geist, der in uns wohnt, so zu belehren,
Der Ruh und Schönheit Siegel aufzudrücken,
Mit edleren Gedanken ihn zu nähren,
Daß nie der üblen Zungen rasches Urteil
Und nie der gift'ge Hohn selbstsücht'ger Menschen
Und nie der Gruß, der ohne Güte ist,
Der traurige Verkehr im Alltagsleben
Uns je bewältigt und den frohen Glauben
In uns zerstört, daß alles, was wir schauen,
Voll Segen sei. – So laß den vollen Mond
Dir auf die einsam stillen Pfade scheinen,

Und laß den neblig feuchten Bergeswind
Dich frei umspielen! Und nach Jahren einst,
Wenn all die wilde Freude ausgereift
Zu stillerem Genuß, und wenn dein Geist
Der Schönheit liebliche Gestalten birgt,
Und die Erinnerung dir zur Heimstatt wird
Für aller süßen Töne Harmonien,
Dann, wenn dir Einsamkeit, Schmerz oder Furcht
Beschieden wär – welch heilende Gedanken
Voll weicher Freude werden dich erinnern
An mich und meine Worte: Bin ich dann
Dort, wo mein Ohr dich nicht mehr hören kann,
Wo ich nicht mehr aus deinen wilden Augen
Den Glanz vergangner Zeit auffangen darf,
Wirst du dann nicht vergessen, wie zusammen
Wir einst am Ufer dieses Flusses standen,
Und ich, schon lang ein Priester der Natur,
Hierher im Dienste unermüdet kam,
Mit wärmrer Liebe noch, ja mehr durchglüht
Von heil'gem Eifer! Wirst du nicht vergessen,
Wie nach vielen Wanderungen, vielen Jahren,
Die fern ich war, mir diese steilen Klippen,
Die grüne Landschaft rings noch teurer waren
Um ihrer selbst, mehr noch um deinetwillen?

›Mir siegelte der Schlaf den Sinn‹

Mir siegelte der Schlaf den Sinn,
Hat ihn von Angst befreit:
Sie fühlte nicht mehr, wie es schien,
Der Erde Lauf und Zeit.

Sie ist nun kraftlos, regungslos
Und gleichsam blind und taub;
Sie schmiegt sich in der Erde Schoß
Mit Fels und Stein und Laub.

❦

›Sie wohnte, wo unbetretener Grund‹

Sie wohnte, wo unbetretener Grund
Den Quell des Dove umgibt,
Ein Kind, gerühmt von keinem und
Von wenigen nur geliebt.

Ein Veilchen, das ein moosiger Stein
Dem Aug verborgen hält,
Schön wie ein Stern, wenn er allein
Erstrahlt am Himmelszelt.

Verborgen wuchs und blühte sie.
Kaum einer wohl erfuhr,
Daß sie begraben ward so früh.
Doch ich, wie trag ichs nur.

❦

›Oft bringt seltsamer Ahnung Spiel‹

Oft bringt seltsamer Ahnung Spiel
Die Leidenschaft hervor,
Doch sag ich nur, was mich befiel,
In des Verliebten Ohr.

Einst, da ich noch die Liebste mein
Sah wie die Rose blühn,
Durft ich gar oft im Mondenschein
Nach ihrem Hüttchen ziehn.

Dann flog so sehnsuchtsvoll hinauf
Der Blick zum stillen Mond,
Es eilt das Pferd mit schnellem Lauf
Den Pfad, den es gewohnt.

Schon war erreicht der Gartengrund,
Und von den letzten Höhn
Sah ich des Mondes volles Rund
Bei Lucys Dache stehn.

Ein süßer Traum umfing mich ganz,
Wie nur Natur ihn schenkt,
Da wie gebannt zum hellen Glanz
Die Blicke ich gelenkt.

Laut schallt des Rosses Huf hinaus,
Fort ging's in schnellem Trab;
Da sinket hinter Lucys Haus
Der lichte Mond hinab.

Wie spielt das Denken wunderlich
Mit der Verliebten Not:
»Barmherz'ger Himmel« rufe ich,
Und wäre Lucy tot!

›Bei fremden Menschen wandert ich‹

Bei fremden Menschen wandert ich,
Sah Fremder Brauch und Land,
Da hab ich noch die Lieb für dich,
Mein England, nicht gekannt.

Nun ist vorbei der düstre Traum;
Ein Tor, der dich verläßt,
Und deiner Meeresküste Saum;
Mich hält die Liebe fest!

Ich habe, da ich dir genaht,
Manch frohen Wunsch genährt,
Denn meines Liebchens emsig Rad
Dreht sich an Englands Herd.

Dein Morgen, deine Sonn' erhellt
Des Liebchens kleines Haus,
Und auf dein fernstes grünes Feld
Blickt Lucys Aug' hinaus.

An eine Feldlerche

Auf, auf! Erheb mich, Lerche, zu den Wolken!
Hell, kraftvoll ist dein Lied.
Auf, auf, empor mit mir bis zu den Wolken.
Singend, singend
Durch Wolken, weiß, durch Himmel klingend.
Führ Lerche mich auf Schwingen leicht
Zum Ort, der deinem Geiste gleicht.

Durch Wildnis, öd, bin ich gegangen;
Mein Herz, von Müdigkeit umfangen,
Könnt doch die Flügel es erlangen
Der Elfe, ach, es flög zu dir!
Verzückung und der Freude Licht
Aus deinem Liede bricht.
Führ Lerche leicht die Schwingen mir
Zum Firmament, zu deiner Feste Zier.

Wie des Morgenlichts Quell
Lachst und spottest du hell.
Ein Nest zu eigen du hast, für die Liebe, die Rast.
Obgleich selbst ohne Ruh,
Würdest Trunkene, du,
Nie so mühevollen Wegs wie ich ziehn.
Glückliche, Glückliche droben,
Dein Sinn, Bergflüssen gleich von klaren Bildern
                              durchwoben,
Hinströmt er, unsres Schöpfers Werk zu loben,
Freude geleite uns immerzu.

Ach, meine Reise, dornig und uneben,
Moorland und dürre Heide sie durchzieht,
Doch hör ich dich, höre ich der Lerchen Lied
So froh, als könnt es frei vom Himmel leben,
Hoff, tragend mein Geschick, ich höhrer Freude Schein,
Wenn meines Lebens Tag wird einst vollendet sein.

›Ach, gar zuviel gilt uns die Welt‹

Ach, gar zuviel gilt uns die Welt; wir leben,
Erwerbend und verschwendend, ohne Wert:
Sehn wenig in der Flur, was uns gehört,
Und haben, faules Gut, die Herzen fortgegeben.
See, die mit bloßer Brust den Mond betört,
Winde, die heulend sich vom Lager heben,
Wie Blumen werden sie im Schlaf zerstört.
Ach, keine Harmonie ist uns gegeben,
Daß es uns rührte. Wär ich doch geborn
Als Heide und in totem Glauben auferzogen,
Ich säh der Auen Grün, der Äcker Korn
Verlorn nicht an die Welt, die mich getrogen.
Dann bliese Triton mir sein Muschelhorn
Und Proteus stiege wieder aus den Wogen.

›Welch schöner Abend!‹

Welch schöner Abend! Alles ist befreit,
Die heilige Stunde ist wie eine Nonne
Anbetend, atemlos. – Die volle Sonne,
Sinkt still herab in ihrer Herrlichkeit,
Und Himmelsruhe hat das Meer geweiht.
Doch horch! Nun ist erwacht der mächtige Geist
Und seine dauernde Bewegung kreist,
Wie Donnerrollen – in die Ewigkeit!
Du teures Kind, das ich hierher geleitet,
Hat nicht des Denkens Flug dich mitgerissen;
Nicht minder göttlich ist dein hoher Sinn,
In Abrams Schoß ist dir ein Platz bereitet,

*James Stark, Lambeth mit Blick auf Westminster Bridge, 1818
(Ausschnitt). Öl auf Leinwand*

Im Allerheiligsten, da knieest du hin,
Und Gott ist mit dir, wenn wir es nicht wissen!

Auf der Westminster-Brücke
2. September 1802

Nichts Schöneres wird vom Himmel überspannt!
Stumpf ist der Sinn, der hier vorübergeht,
An diesem Anblick stiller Majestät.
Die Stadt trägt jetzt gleich einem Festgewand
Des Morgens Schönheit. Schweigend, wie gebannt,
Ragt Dom und Turm und Tempel wie erhöht
Zum klaren Himmel, den kein Rauch umweht,
Und glänzt und glitzert weit hinaus ins Land.
Nie sah die Sonne ich so strahlend schön
Mit ernstem Glanze Tal und Hügel füllen,
Nie hab' ich tiefern Frieden noch gesehn.
Die Themse gleitet sanft, nach eignem Willen,
Die Häuser scheinen selbst in Schlaf versenkt,
Der dieses ganze mächtige Herz umfängt.

An den Kuckuck

Dein Rufen, Kuckuck, liebe ich
Und frag mich freudevoll,
Ob ich dich Vogel, ob ich dich
Nur Stimme nennen soll.

Ich lieg im Gras und hör so gern
Dein Rufen, das mir bald
Ganz nahe scheint, bald wieder fern
Von allen Hügeln hallt!

Von Sonnenschein und Blumen schwätzt
Dein Lied dem Tale vor;
Und bringt erträumter Stunden jetzt
Ein Märchen an mein Ohr.

Du Lieblingskind dem jungen Jahr,
Du bist kein Vogel, – nein,
Geheimnisvoll und unsichtbar.
Du kannst nur Stimme sein.

Du hast in meiner Schülerzeit
Mich schon gelockt so laut;
Ich hab gesucht, und weit und breit
In jeden Busch geschaut.

Durch Wälder und auf grüner Flur
Da suchte ich dich oft;
Warst Liebe nur und Sehnsucht nur,
Gesehn nie, stets erhofft!

Nun horche ich im hohen Gras,
Wie hell dein Rufen klingt,
Ich horche auf dein Rufen, das
Die Kindheit wiederbringt.

O goldne Zeit, vorbei so lang!
Da scheint die Erde gleich –
O guter Vogel, habe Dank –
Ein leichtes Feenreich!

Ode. Andeutungen über die Unsterblichkeit
aus *Erinnerungen an die frühe Kindheit*

I

Einst war die Zeit, da schien mir Strom und Baum,
Die Erde, jedes grüne Feld,
    Der Weltenraum
    Von Himmelslicht erhellt,
In Glanz und Frische wie ein Traum.
Jetzt ist es nicht wie einstmals um mich her,
    Wohin ich gehen mag
    Bei Nacht und Tag,
Die Dinge, die ich sah, ich sehe sie nicht mehr.

II

    Des Regenbogens Pracht
    Erglänzt, die Rose lacht,
    Des Mondes Antlitz blickt
Sanft von des Himmels Blau;
    In Sternennacht entzückt
    Der Wiese lichter Tau;
    Ein herrlich Schauspiel ist der Sonnenschein;
    Doch ach ich seh, wohin ich geh:
Der Erde Glanz muß mir verschwunden sein.

III

Nun da die Vogelstimmen sich erheben,
Die jungen Lämmer springen
Wie zu der Flöte Klingen,
Kam mir nur ein Gedanke voller Trauer:
Ich sprach ihn aus und sah ihn ohne Dauer.

Neu fühl' ich Kraft und Streben;
Die Wasser stürzen mit Posaunenschall,
Nicht soll mein Gram mehr Unrecht tun dem Leben,
Ich hör' der Berge Echo Antwort geben,
Vom Feld des Schlafes braust der Winde Hall,
    Die ganze Erde lacht;
    See und Land
Umschlinget einer Freude Band,
    Sieh wie zum Lenz erwacht
Die Kreatur ein Fest sich macht,
    Du Kind der Freude,
O Hirtenknabe laß dein Jauchzen schallen in die
Weite.

IV

Glückselige Geschöpfe, ja ich höre
Den lauten Zuruf, euren hellen Schrei,
Und eurem Jubel stimmt der Himmel bei.
    Mein Herz ist bei des Festes Tanz,
    Mein Haupt trägt seinen Kranz,
Die Fülle eures Glücks, ich fühl', ich fühl' sie ganz.
O übler Tag, sollt' ich heut düster blicken!
Die Erde schmückt sich ohne Sorgen,
    Dem süßen Maienmorgen,
Die Kinder pflücken
    Auf jeder Seite
  Von tausend Tälern in Näh und Weite
  Sich Blumen; sieh die Sonne scheint warm,
  Und der Säugling hüpft auf der Mutter Arm: –
Ich höre, ich höre – mit Freuden hör' ich!
– Doch hier ein Baum zu vielen gesellt,
Vor meinen Blicken ein einzeln Feld,
Sie sprechen mir von der vergangnen Welt.

Das Veilchen hier im Moos
Erzählt vom gleichen Los.
Wohin entfloh der überird'sche Schimmer?
Wo ist der Glanz, der Traum? – ich seh' sie nimmer.

V

Geburt ist nur ein Schlaf und ein Vergessen,
Die Seele in uns, unsres Lebens Stern,
Hat anderswo ein Heim besessen
Und kommet her von fern:
Nicht gänzlich in Vergessenheit,
Und nicht in nackter Blödigkeit,
Umhüllt von lichter Wolkenschar,
Kommt sie von Gott, der ihre Heimat war:
Der Himmel liegt um uns in Kindertagen,
Der Schatten des Gefängnisses umzieht
Das Wachstum schon des Knaben,
Jedoch er schaut das Licht, wenn es auch flieht,
Noch in der Freude Gaben;
Dem Jüngling winkt der Ost von ferne nur,
Doch ist er noch ein Priester der Natur,
Er sieht den Glanz gebreitet
Auf Wegen, die er schreitet;
Doch endlich muß der Mann ihn sterben sehn,
Im Lichte des gemeinen Tags vergehn.

VI

Der Erde Schoß füllt sich mit eignen Freuden,
Und sie hat eigne Sehnsucht, eignen Schmerz,
Und fast mit etwas, wie ein Mutterherz,
Zu einem Ziel nicht ohne Wert
Sorgt unsre Amme, daß ihr Pflegekind,

Der Mensch, vergesse – ach nur zu geschwind –
    Den Glanz, den er noch sah beim Scheiden
Aus jenem Königssitz, der ihm gehört.

VII

    Sieh hier das Kind, wie froh es um sich blickt,
Sechs Jahre zählt des Kleinen Zwergenmaß,
Rings liegt sein Spielzeug um ihn her im Gras,
Von Mutters Küssen wird er fast erdrückt,
Des Vaters Auge ruht auf ihm beglückt!
Und ihm zu Füßen, sieh, ein kleiner Plan,
Ein Bruckstück, wie ein Traum vom Menschenleben,
Das er mit neuerlernter Kunst ersann:
    Ein Hochzeits- oder Festeszug,
    Hier einen, den zu Grab man trug;
        Sein Herz hängt ganz daran;
    Das sagt er uns mit seinem Liede:
    Dann soll ein Zwiegespräch von Kampf und Friede,
    Geschäften, Liebe, Haß ein Bild uns geben.
    Doch bald ist er es müde,
    Schon wirft er es beiseite;
    Mit neuem Stolz und neuer Freude
Fängt unser kleiner Bursch von neuem an;
Füllt seine »lustige Bühne« mit Personen,
Will selbst das schwache Alter nicht verschonen,
Holt sie aus allen Lebensregionen;
    Als wär endloses Spiel
    Sein einzig Lebenziel.

Du dessen äußere Unscheinbarkeit
Belügt der Seele Unermeßlichkeit,
Du Weiser, in dem noch die Erbschaft wirkt,
Der schweigend, stumm, ein Auge unter Blinden
Liest, was die ewige Tiefe uns verbirgt,
– Sie wird der ewige Geist uns nie verkünden –
　　Beglückter Seher, mächtiger Prophet,
　　Bei dem allein die Wahrheit steht,
Die wir uns lebenslang bemühn zu finden,
In Dunkelheit der tiefen Nacht entschlafen;
Du, über dem Unsterblichkeit
Thront gleich dem Tag, dem Herrn gleich überm Sklaven
Allgegenwärtig, allbereit –
Du schwaches Kind, doch stolz in deiner Macht,
Dem wie der Himmel frei das Dasein lacht,
Warum nimmst du vorweg die Jahre doch?
Sie bringen unvermeidlich dir das Joch.
Warum willst du dich deines Glücks begeben?
Zu bald trägt deine Seele ird'sche Fracht,
　Bald hat Gewohnheit Lasten dir gebracht,
Schwer wie der Frost und tief fast wie das Leben!

　　O Freude, daß ein Funken
　　In unsrer Asche lebt,
　　Nicht ganz in uns versunken,
　　Was flüchtig uns durchbebt!
Vergangner Zeit zu denken zeugt in mir
Beständ'gen Segen; wahrlich nicht dafür,
Was ich des Segens immer wert gewußt:
Die Freude, Freiheit und der Kindheit Zier

Den schlichten Glauben, der in Schmerz und Lust
Mit immer neuer Hoffnung füllt die Brust.
    Nicht ertönt mein Sang
    Dafür in Lob und Dank;
Nein um der steten Zweifel willen,
Die ob der Dinge Dasein uns erfüllen,
Die von uns schwinden, sich vor uns verhüllen,
    Verblaßte Schemen für ein Wesen nur,
Das einzig in der Welt der Träume lebt,
Erhabne Ahnungen, drob die Natur,
Die sterbliche, wie schuldbewußt erbebt,
    Um früher Liebe Keime,
    Erinnrung halb und Träume,
Die doch, was immer sein es mag,
Des Lichtes Quelle sind für unsern Tag,
Der Leitstern, der all unsre Blicke eint,
Uns stützt und pflegt, daß unter seiner Macht
Der Jahre Lärm uns nur ein Pulsschlag scheint
Im ewigen Schweigen; Wahrheit, die stets wacht,
    Um nie zu fliehn,
Die weder Unlust noch ein toll Bemühn,
    Nicht Kind noch Mann,
Noch was der Freude Feindschaft sann,
    Verderben und zerstören kann!
So kann, wenn hell der Himmel tagt,
Wie weit wir auch im Inland stehn,
Die Seele doch das ewige Meer erspähn,
    Das uns hierher gebracht –,
    Es steht in ihrer Macht,
Aufs neu dem Kinderspiel am Strand zu lauschen,
Und auf der mächt'gen Wogen ewiges Rauschen.

Drum singt ihr Vögel eure frohen Sänge,
Und laßt die Lämmer springen,
Wie zu der Flöte Klingen!
Mischen gern uns ins Gedränge,
Die ihr pfeifet, die ihr spielt,
Eure Lust im Busen kühlt,
Maienfreude in euch fühlt!
Ist auch der Glanz, der einst so schön entglommen,
Für immer unsern Blicken jetzt genommen,
Kann nichts zurück die Stimmen rufen,
Die auf der Wiese Glanz und Pracht den Blumen schufen,
Schmerz nicht, Freude laßt uns künden,
Kraft im Bleibenden uns finden;
In den ersten Sympathien,
Die uns nie mehr ganz entfliehen;
Den Gedanken, ernst geweiht
Von der Menschenseele Leid,
Im Glauben, der den Tod bezwingt,
Im Geist der Weisheit, den die Zeit uns bringt.

Und o ihr Quellen, Wiesen, Waldesgründe,
Glaubt nicht, daß meine Liebe zu euch schwinde,
Im tiefsten Herzen fühl' ich eure Macht!
Um eine Freude nur ward ich gebracht:
Euch nur zu leben, eurer Herrschaft ganz. –
Noch liebe ich den Bach, der brausend schwillt,
Mehr als da ich ihm glich im leichten Tanz,
Noch ist der junge Tag in seinem Glanz
Ein lieblich Bild!
Die Wolken aber, bei der Sonne Sinken,

Sie zeigen ernstre Farben meinem Blick,
Der tief geschaut ins menschliche Geschick.
Ein neu Geschlecht entsteht und andre Palmen winken.
Doch Dank dem Menschenherz, durch das wir leben,
Es mag in Schmerz, in Freude, Furcht sich wiegen,
Mir kann die niedrigste der Blumen geben
Gedanken, die zu tief für Tränen liegen.

›Sie war eine Elfe, licht und leicht‹

Sie war eine Elfe, licht und leicht,
Da sie zuerst mein Blick erreicht.
So lieblich und voll reinen Glücks,
Die Zierde eines Augenblicks.
Ein dunkler Stern ihr Auge war,
Wie Dämmerlicht das dunkle Haar,
Doch alles sonst an ihr gemacht,
Wie wenn ein Maienmorgen lacht,
Ein Schatten, der uns tanzend neckt,
Jetzt huscht und flieht, und tändelnd schreckt.

Nun trat sie näher meinem Reich,
Ein Geist und doch ein Weib zugleich.
Sie schafft im Hause frisch und frank,
Jungfrauenanmut zeigt ihr Gang.
Es spiegelte ihr Angesicht
Erinnrung süß und Hoffnung licht,
Und doch kein Wesen, das zu hehr
Für dieses Lebens Nahrung wär.
Für leichte Sorge, leichten Scherz,
Lob, Tadel, Liebe, Kuß und Schmerz.

Jetzt nimmt mein Auge rein und klar
Den Pulsschlag ihres Wesens wahr.
Gedankenvoll seh ich sie gehn,
Ernst nach des Lebens Ziele sehn.
Ihr Wille fest wie der Verstand,
Duldsam und streng, geschickt die Hand.
Ein Weib gemacht ohn Falsch und Hehl,
Zum Trost, zur Warnung, zum Befehl,
Und doch ein Geist so ruhig, schlicht,
Umstrahlt von einem Engelslicht.

›Ich zog allein der Wolke gleich‹

Ich zog allein der Wolke gleich,
Die über Tal und Hügel flieht,
Als plötzlich unermeßlich reich
Ein Heer Narzissen vor mir blüht;
Am Seestrand unter Baum und Strauch
Da tanzten sie im Windeshauch. –

Wie unabsehbar Stern an Stern
Hoch von der Nebelstraße glänzt,
So haben endlos, nah und fern,
Das Seegestade sie bekränzt.
Viel Tausende hab ich erblickt,
Und jedes Köpfchen winkt und nickt.

Die Wogen tanzten, doch ihr Schein
Beschämte noch der Wogen Glanz!
Ein Dichter mußte fröhlich sein
Bei ihrem übermütgen Tanz;

Ich schaut' – und habe nicht gedacht,
Wie reich dies Schauen mich gemacht. –

Denn oft wenn ich auf meinem Pfühl
Halb sinnend, halb zum Traum bereit,
Tritt vor den innern Blick ihr Spiel
In segensreicher Einsamkeit;
Dann ist mein Herz an Wonne reich
Und tanzet den Narzissen gleich.

Die einsame Schnitterin

Sieh bei der Ernte dort im Feld,
Im stillen Tal, die Hochlandmaid.
Sie schafft, und singt fern aller Welt.
Stör' nicht die Einsamkeit!
Sie mäht das Korn mit emsigem Fleiße,
Und schwermutvoll klingt ihre Weise.
O lausche, denn das tiefe Tal
Durchflutet ihrer Stimme Schall.

Nie sang die Nachtigall so hell
Willkommnen Gruß im fremden Lande
Den Wandrern an dem Schattenquell
Im heißen Wüstensande,
Und nie durchbrach so voll und weit
Ein Kuckucksruf zur Frühlingszeit
Das Schweigen auf dem stillen Meer
Von der Hebriden fernster her.

Wer meldet mir, was sie mag singen,
Was dieser Töne Klage schuf?
Gilt's trüben, längst vergangnen Dingen?
Ist es ein Schlachtenruf?
Erklingt die Weise nicht so groß?
Singt sie vom engen Alltagslos,
Ist's Menschensorge, Schmerz und Pein,
Wie einst es war und heut mag sein?

Wovon die Töne ohne Ende,
Das Lied des Mädchens auch gezeugt,
Sie singt zur Arbeit ihrer Hände,
Zur Sichel tief gebeugt.
Ich lauschte still und unbewegt;
Doch nun zu Berg mein Fuß mich trägt,
Summt mir der Ton im Herzen, lang
Als schon verklungen der Gesang.

SAMUEL TAYLOR
COLERIDGE

Peter Vandyke, Samuel Taylor Coleridge, 1795.
Öl auf Leinwand

Kubla Khan,
oder: *Eine Traumvision.*
Ein Fragment

In Xanadu schuf Kubla Khan
Ein Lustschloß, stolz und kuppelschwer:
Wo Alph, der Fluß des Heiles, rann
Durch Höhlen, die kein Mensch ermessen kann,
    In sonnenloses Meer.
So ward zehn Meilen Ackergrund
Mit Turm und Wall umfriedet rund:
Dort glänzten Gärten von der Bäche Schein,
Dort blühte weihrauchträchtig mancher Baum;
Dort schloß der Forst, uralt wie das Gestein,
Die Falten um manch sonnengrünen Raum.

Doch oh! die Schlucht, durch dichte Zedernhaine
Sich über Hügel tief romantisch senkend!
Wildnis! So heilig ist, verwunschen keine,
Die eine Frau durchirrt im Halbmondscheine,
Wehklagend ihres Geisterfreunds gedenkend.
Und aus der Kluft, drin endlos Aufruhr kochte,
Als ob der Erde Atem keuchend pochte,
Triebs einen mächtigen Springquell jäh zu Tal,
In dessen schnellem, halbgebrochnem Strahl
Steintrümmer prasselten wie Hagel hüpft,
Wie Spreu sich unterm Flegelschlage lüpft:
Und in der Felsen tanzendem Geglimmer
Sprang auf der Heilige Fluß, stoßweise immer;
Fünf Meilen rann in Kehr und Gegenkehre
Das Heilige Wasser ruhig durch Tal und Tann,
Durch Höhlen, die kein Mensch ermessen kann.
Bis tosend es versank im toten Meere.
Und aus dem Tosen drang an Kublas Ohr

Krieg prophezeiend seiner Ahnen Chor.
Auf den Wellen trieb des stolzen
Freudenschlosses Schatten grell,
Wo die Rhythmen sich verschmolzen
Von den Höhlen und dem Quell.
Ein Wunderwerk, wie man kein zweites weiß!
Durchsonntes Lustschloß mit Gewölb von Eis!

Ein Mädchen mit dem Saitenspiel,
Das ich einst im Wachtraum sah: –
Das war ein äthiopisch Kind
Und ihre Harfe schlagend sang
Sie vom Berge Abora.
Könnt ich in mir erneuern
Ihr Lied, den Saitenklang,
Entzücken würde mich befeuern,
Daß ich mit Musik den Bau
Schüfe in der Lüfte Blau!
Den Sonnendom! Gewölb von Eis!
Und alle Hörer nähmens wahr,
Und schrieen: Wunder und Gefahr!
Wie blitzt sein Aug! Wie fließt sein Haar!
Dreifach zieht um ihn den Kreis,
Und heilige Scheu das Aug verschließ,
Denn ihn hat Honig-Tau gespeist
Und er trank Milch vom Paradies!

Wie ein Schiff, nachdem es den Äquator passiert hatte, von Stürmen in das Kalte Land nahe dem Südpol verschlagen wurde; und wie es von dort seinen Kurs in die tropischen Breiten des Großen Stillen Ozeans nahm; und von den unerhörten Begebenheiten, die sich zutrugen; und auf welche Weise der alte Seefahrer in sein eigenes Land zurückkehrte.

Das lateinische Motto aus Thomas Burnets Werk *Archaeologiae Philosophicae, sive Doctrina Antiqua de Rerum Originibus* von 1692 lautet in Übersetzung: ›Ich bin der festen Überzeugung, daß es im Universum mehr unsichtbare als sichtbare Wesen gibt. Wer aber wird die Familie dieser Wesen aufzählen, wer die Stufen, Verwandtschaften, Unterscheidungen und Aufgaben der einzelnen uns erschöpfend beschreiben können? Was tun sie? Welche Orte bewohnen sie? Der menschliche Geist nähert sich ständig der Kenntnis dieser Dinge, niemals aber hat er sie berührt. Es macht jedoch Freude, ich will es nicht in Abrede stellen, sei es im Geist oder auch im System, das Bild der größeren und besseren Welt zu schauen. Der Geist, an das heutige Leben gewöhnt, beschränkt sich zu sehr auf Kleinigkeiten und bleibt vollständig nichtigen Dingen verhaftet. Aber man muß Hüter der Wahrheit sein, das Maß wahren, damit wir das Sichere vom Unsicheren, den Tag von der Nacht zu trennen vermögen.‹

Ein alter Seefahrer stößt auf drei schmucke Burschen, die zu einem Hochzeitsfest geladen sind, und hält einen von ihnen fest.

Es ist ein alter Seefahrer
Und hält einen von dreien an.
»Bei dem Grau deines Barts und der Glut
                   deines Augs!
Was heißt du mich stehen, Mann?

Des Bräutigams Tür steht offen weit,
Und ich bin der nächste vom Haus;
Schon sind Gäste bereit zu der hohen Zeit.
So hör doch das laute Gebraus.«

Der Hochzeitsgast ist von dem Auge des alten seefahrenden Mannes gebannt und gezwungen, seinem Bericht zu lauschen.

Er hält ihn mit seiner hageren Hand.
»Da war ein Schiff«, sprach er.
»Deine Hand! Laß mich gehn, graubärtiger
                   Narr!«
Alsbald seine Hand senkt' er.

Er hält ihn mit seinem flackernden Aug.
Der Hochzeitsgast stand still
Und lauscht wie ein Kind, drei Jahre alt,
Wie dies der Seefahrer will.

Der Hochzeitsgast saß auf einem Stein,
Er lauscht, er hat keine Wahl;
Und so begann jener alte Mann
Mit dem Auge aus fließendem Stahl:

»Sie grüßten das Schiff; an dem äußeren Riff
Schwammen wir heiter vorbei.
Im Rücken die Kirche, im Rücken den Bühl
Und den Leuchtturm und Möwengeschrei.

Da stieg die Sonne zur Linken auf,
Aus dem Meere stieg sie her,
Und sie schien unverwandt, und zur
                              rechten Hand
Tauchte sie nieder ins Meer.

Der alte Seefahrer berichtet, wie das Schiff unter einem guten Wind und bei schönem Wetter nach Süden fuhr, bis es an den Äquator gelangte.

Die Sonne stieg bis über den Mast
Zu Mittag empor und empor –«
Der Hochzeitsgast seine Stirne faßt,
Denn er hört das Fagott und den Chor.

Die Braut schwebt nieder in den Raum,
Die Rose in den Blick.
Mit Häuptern nickend zieht vor ihr
Die heitere Musik.

Der Hochzeitsgast hört die Musik vom Fest; aber der Seefahrer setzt seinen Bericht fort.

Der Hochzeitsgast seine Stirne faßt,
Doch er lauscht, er hat keine Wahl,
Und wieder begann jener alte Mann
Mit dem Auge aus fließendem Stahl:

»Und nun kam *der große Sturm* daher,
Ein Tyrann in gewaltigem Flug,
Der mit den Schwingen über uns fuhr
Und uns weit nach Süden verschlug.

Das Schiff von einem Sturm gegen den Südpol getrieben.

Mit krachenden Masten und schäumendem Bug,
Wie einer, verfolgt über Stock und Stein,
Den Schatten des Feindes noch spürt im Gebein
Und sein Haupt vornüber senkt –
So flog unser Boot, vom Sturme umloht,
Nach Süden abgeschwenkt.

Und nun kam Schnee und Nebel auf,
Und grausam ward es kalt:

71

Und Eis, masthoch, vorüberzog,
So grün wie Emerald.

Und durch das Geweh sandten Klippen
                  von Schnee
Unheimliches Gegleiß:
Nicht Mann noch Tier erkannten wir –
Zwischen hier und dem Himmel von Eis.

Das Eis war hier, das Eis war dort,
Das Eis war überall.
Es kracht und stöhnt und kreischt und
                    höhnt,
Wie einer Ohnmacht Schall.

Und schließlich schoß ein Albatros
Durch den Nebel niederwärts,
Da sagten wir ihm Gott zum Gruß,
Als hätt er ein christliches Herz,

Nahm unbekannte Atzung an,
Flog rund um das Schiff und vorbei.
Das Eis zersprang mit Schlag und Klang,
Der Bootsmann steuert' uns frei.

Und ein guter Südwind sprang auf
                    geschwind,
Der Albatros folgte dem Schiff unverwandt,
Kam tagein, tagaus zu Spiel und Schmaus
Zu des Seefahrers offener Hand.

Im Nebel hockt' da auf Segel und Rah
Der Vogel neun Vespern lang,

Da all die Nacht durch Nebelrauch sacht
Das weiße Mondlicht drang.«

»Gott schütze dich, alter Seefahrer,
Was war es, das da dich verdroß?
Was raubt dir das Heil?« – »Mit meinem Pfeil
Schoß ich den *Albatros*.

Der alte Seefahrer verletzt das Gastrecht und erschlägt den frommen Vogel guter Vorbedeutung.

ZWEITER TEIL

Nun stieg die Sonne zur Rechten auf,
Aus dem Meere stieg sie her,
Noch in Nebel gehüllt, und zur linken Hand
Tauchte sie wieder ins Meer.

Und der gute Südwind blies noch immer geschwind,
Doch kein Vogel folgt' unverwandt,
Kam tagein, tagaus zu Spiel und Schmaus
Nicht mehr zu des Seefahrers Hand.

Und ich hatte vollbracht eine höllische Tat,
Und nun brachte die Tat ihnen Weh.
Alle schrien zu mir: ›Du erschlugst das Tier,
Das wehen ließ die Bö.
Du Teufels Genoß, der den Vogel erschoß,
Der wehen ließ die Bö!‹

Die Mannschaft schreit auf wider den alten Seefahrer, daß er den Vogel guter Vorbedeutung erschlagen habe.

Nicht rot oder taub – wie Gottes Haupt,
War die Sonne glorreich erwacht.
Da schrien sie zu mir: ›Du erschlugst
                                    das Tier,
Das den Nebel gebracht und die Nacht.

Aber als sich der Nebel hob, rechtfertigen sie die Tat und werden so an ihr mitschuldig.

73

O du guter Genoß, der den Vogel erschoß,
Der den Nebel gebracht und die Nacht!‹

*Die Brise bleibt
günstig, das Schiff
fährt in den Stillen
Ozean ein und se-
gelt nach Norden,
bis es an den Äqua-
tor kommt.*

Die Brise blies, es zischt' der Gischt,
Der Kiel fand freie Bahn,
Wir waren die ersten, die je gekreuzt
In dem Stillen Ozean.

*Jählings ist es um
das Schiff still ge-
worden,*

Flau schlappte der Wind, das Segel schlappt'
                    flau,
Und Ödnis ringsumher.
Und wenn einer sprach, so nur, daß er brach
Das Schweigen über dem Meer.

In einem Himmel kupferfarb
Stand blutrot und ungewohnt
Die Sonne mittags über dem Mast,
Nicht größer als der Mond.

Und Tag für Tag und Tag für Tag
Staken wir vor des Himmels Steinwand,
So stille, als wäre das Schiff gemalt
Auf einem Meere von Leinwand.

*und die Rache für
den Albatros hebt
an.*

Wasser, Wasser allüberallher,
Es schrumpften die Balken und Bohlen;
Wasser, Wasser allüberallher,
Kein Tropfen Trunks war zu holen.

Die Tiefe selbst verweste sich.
O Christ, erbarm dich dem Weh!
Und schleimiges Zeug mit Beinen kroch
Auf einer schleimigen See.

Vorbei, vorbei in Ringelreih
Irrlichter Todes sprühn.
Das Wasser, wie ein Hexensud,
Glüht blau und weiß und grün.

Und einige schauten für sicher im Traum
Den Geist, der so uns geplagt,
Neun Faden tief war er vom Lande
                            aus Schnee
Und Nebel uns nachgejagt.

Und jede Zunge war verwelkt
An der Wurzel vor Durst und Verdruß;
Wir konnten nicht sprechen; es war, als ob
Wir ersticken mußten an Ruß.

O wehe dem Tag! Wie das üble Geschick
Den Mann und die Mannschaft verdroß!
Sie hingen kein Kreuz, doch beiderseits
Um den Hals mir den Albatros.

DRITTER TEIL

Zeit schlaffen Schlafes. Jeder Schlund
Und jedes Auge brennt.
O schlaffe Zeit! O Schlafes Zeit!
Wie müd jedes Auge brennt!
Da sah ich – westwärts schweift' mein Blick –
Ein Etwas am Firmament.

Es schien zuerst ein Punkt, ein Fleck,
Ein Nebelstreif sodann;
Es zog und zog, bis es zuletzt
Gestalt gewann.

Ein Punkt, ein Fleck, Streif und Gestalt.
Wie's nah und näher sich hebt!
Als wär ein Kobold mit im Spiel,
Schlingert es, schwankt und schwebt.

*Da es näher
kommt, scheint es
ihm ein Schiff zu
sein, und um einen
hohen Preis befreit
er seine Sprache aus
den Banden des
Durstes.*

Im Schlund schwarzen Sand, den Mund
                        wie verbrannt,
Unfähig zu Schrei und Pfiff,
So standen verstummt wir vor Durst und
                            vor Glut,
Und ich biß meinen Arm und saugte das Blut
Und schrie: ›Ein Schiff! Ein Schiff!‹

Im Schlund schwarzen Sand, den Mund
                        wie verbrannt,
Hörten gaffend den Ruf sie im Rund.

Ein Freudenblitz

Und siehe!, sie grinsten vor Lust ungemein
Und schlurften auf einmal den Atem ein,
Als tränken sie sich dran gesund.

*und Schrecken folgt.
Denn kann es sein,
daß ein Schiff ohne
Wind oder Flut da-
herfährt?*

Ich schrie: ›Sieh! sieh! Es schwankt nicht
                        mehr!
Es kommt und bringt uns Glück!‹
Und ohne Brise, ohne Flut
Steuert aufrecht die hohe Brigg!

Die Woge im Westen war ganz aus Glut
Und das Meer ein schwarz-goldner Schwall!
Und nah auf der Woge im Westen lag

Breit gleißend der Sonnenball;
Da schob sich auf einmal das seltsame Ding
Zwischen uns und den Sonnenball.

Und sogleich war die Sonne kreuzweis
                              gestreift
(Maria, vergiß unser nicht!),
Als ob durch ein Kerkerfenster späht
Ein flammendes Angesicht.

Und ich dachte: Weh! (und mein Herz schlug laut)
Wie schnell es uns näher reißt!
Sind es *ihre* Segel, was jäh im Licht
Wie Altweibersommer gleißt?

Sind das *ihre* Rippen, durch welche das Licht
Wie durch Kerkerstäbe fiel?
Ein Weib? Und keine Besatzung dabei?
Und ist dies ein *Tod*? Oder sind's ihrer zwei?
Ist *Tod* dieses Weibes Gespiel?

Ihr Blick war frei; *ihre* Locken blond,
Ihre Lippen waren rot;
Ihre Haut war weiß wie weißlicher Grind,
Das war das *Spuk*gesicht *Leben-im-Tod*,
Vor dem Männerblut eiskalt gerinnt.

Längsseits kam das Schiffs-Gerippe nackt.
Da warfen Würfel die zwei.
›Der Würfel fiel! Ich gewann das Spiel!‹
Rief sie, und der Ruf war ein Schrei.

Das Licht erlischt, die Sterne ziehn,
Ein fällt die Dunkelheit,
Das Geisterschiff schießt durch den Gischt,
Das Meer hallt wider weit.

*Beim Aufgang des
Mondes*

Wir schauten und lauschten wie gebannt.
Von meines Herzens Kelchesrand
Hat Furcht mein Blut gesoffen.
Die Luft war schwül, die Nacht war dicht,
Fahl schwelt' des Steuermanns Gesicht,
Tau ist vom Segel getroffen –
Da klomm im Osten schmal und fern
Der Mond ins Licht, trug einen Stern
In seinem Horne offen.

*stürzt einer nach
dem andern*

Und unterm sterngejagten Mond,
Zu rasch für Gestöhn und Gekeuch,
Dreht' ein Mann nach dem andern sich um,
In seinem Aug den Fluch.

*aus der Schiffs-
mannschaft leblos
zu Boden.*

Und viermal fünfzig, Mann für Mann
(Und kein Geseufz und Gestöhn!)
Brach hinterrücks, wie das Stück eines
                                    Stücks,
Aufs Deck hin mit dumpfem Gedröhn.

*Aber Leben-im-Tod
beginnt ihr Werk an
dem alten Seefahrer.*

Da flohen den Leibern die Seelen fort
Zur Hölle oder zum Heil.
An mir floh jede der Seelen vorbei
Wie das Sausen von meinem Pfeil.«

VIERTER TEIL

»Mir graut's vor dir, alter Seefahrer!
Mich schreckt deine hagere Hand!
Du bist so lang und so welk und so braun
Wie am Meer der gerippte Sand.

Der Hochzeitsgast
fürchtet, daß ein
Gespenst zu ihm
spricht;

Ich fürchte dich und dein flackerndes Aug
Und dein schütteres Angesicht!«
»Sei guten Mutes, Hochzeitsgast,
Dieser Leib brach nieder nicht.

aber der alte Seefah-
rer versichert ihn
seines Lebens im
Fleische und fährt
fort, seine schwere
Buße zu berichten.

Allein, allein, all, all, allein,
Allein auf weit-weiter See!
Und kein Heiliger zeigte Mitleid an
Mit meiner Seele Weh.

Die vielen Männer, stark und jung!
Und jeder von ihnen verblich!
Und tausendfach, tausendfach schleimiges
                                    Zeug
Lebte fort, und es lebte ich.

Er verachtet die Ge-
schöpfe der Stille

Ich schaute auf die verwesende See
Und wandte mein Aug von der Not;
Ich schaute auf das verwesende Deck,
Da lagen die Männer tot.

und ist voll Neid
darüber, daß sie le-
ben, da so viele tot
liegen.

Ich schaute zum Himmel und bat um Gebet;
Doch wo sonst ein Gebet sich ergoß,
Kam ein tückisches Wispern und machte mein Herz
So trocken wie Staub oder Rost.

Ich schloß meine Lider und hielt sie zu,
Der Augapfel schlug wie mein Blut;
Denn die Welt und die See und die See und
              die Welt
War als Last auf mein müdes Auge gestellt,
Und zu Füßen lag mir Tod.

Aber für ihn lebt
der Fluch im Auge
der toten Männer.

Aus toten Gliedern schmolz kalter Schweiß,
Und niemals verweste ihr Aas;
Der Blick, mit dem sie mich angeblickt,
Stand still in den Augen aus Glas.

Einer Waise Fluch hat manch schwebenden
              Geist
Geschleift in höllische Not.
Doch schrecklicher ist der schweigende
              Fluch,

In seiner Einsam-
keit und Starrheit
verlangt es ihn nach
dem wandernden
Mond und den Ster-
nen, die bleiben
und doch sich wei-
terbewegen; und
der blaue Himmel
überall gehört ihnen
und ist der ihnen be-
stimmte Aufent-
halt, ihre Heimat
und ihr natürliches
Haus, in das sie un-
angemeldet eintre-
ten wie große Her-
ren, die mit Zuver-

Der im Aug eines Toten droht!
Sieben Tag, sieben Nächte sah ich den Fluch,
Und doch, ich fand nicht den Tod.

Der stille Mond stieg himmelan
Und hatte keine Rast,
Und neben ihm stieg brüderlich
Ein Sternbild übern Mast –

Sein Strahl trieb ein Spiel mit der
              schwülen Flut,
Gleich Rauhreif im April;
Doch wo des Schiffs Schatten riesenhaft lag,
War das Wasser verhext und brannte gemach
Purpurn und furchtbar still.

Und wo das Schiff keinen Schatten mehr
schlug,
Trug Wasserschlangen die Flut.
Sie fuhren in Spuren von brennendem Weiß,
Und wenn sie sich bäumten, sprühte wie Eis
Aus ihnen die magische Glut.

sicht erwartet wer-
den, und doch
herrscht schwei-
gende Freude bei ih-
rer Ankunft.

Und wo unser Schiff seinen Schatten schlug,
Erschien mir ihr Schmuck ungeheuer:
Blau, glatt und grün und so schwarz wie
ein Schoß,
So wanden sie sich, und ein jeglicher Stoß
War ein Lodern von goldenem Feuer.

Beim Licht des
Mondes erschaut er
die Geschöpfe Got-
tes in der großen
Stille.

O Schönheit des Lebens! Kein menschlicher
Mund
Nannte je dieser Schönheit Lust.
Eine Springflut von Liebe schoß auf durch
mein Herz,
Und ich segnete sie unbewußt.
Mein Schutzpatron neigte sich nieder zu mir,
Und ich segnete sie unbewußt.

Ihre Schönheit und
ihre Lust.

Er segnet sie in sei-
nem Herzen.

Da kam es, da war es: ich fand mein Gebet,
Und es fiel mir vom Nacken schwer
Der Albatros nieder und tauchte ein
Wie Blei und versank im Meer.

Der Bann beginnt
zu brechen.

FÜNFTER TEIL

O Schlaf, das ist ein sonderbar Ding
Und ein Wunder, ein heilsamer Trank!
Maria, Mutter, gelobt sei ihr Namen!

81

Sie sandte Schlummer, den wundersamen,
Der tief in die Seele mir drang.

Die gähnenden Eimer, die rings auf
                              dem Deck,
Die schwarzen Münder, gelegen –
Mir träumte, sie flössen über vor Tau,
Und als ich erwachte, fiel Regen.

Mein Mund war feucht, mein Schlund
                              war kalt,
Und dampfend naß war mein Kleid.
Ich hatte getrunken in meinem Traum,
Und immer noch trank mein Leib.

Ich regte die Glieder und fühlte sie nicht:
Ich war so federleicht – fast,
Als wäre ich gestorben im Schlaf,
Ein Geist nun und himmlischer Gast.

Bald hörte ich wirbeln einen Wind,
Allein, er kam nicht nah.
Doch das Segel bebte vor seinem Wehn,
Das dünn hing und welk an der Rah.

In der oberen Welt brach ein Leben aus!
Und Lichtzeichen tausendfalt
Tauchten nieder und auf in taumelnder Hast
Und glühten und loschen hoch über
                              dem Mast
Vor den Sternen, ehern kalt.

Und der Wind kam lauter und wirbelte mehr,
Und das Segel seufzte wie Gras,

82

Und ein Regen ergoß sich aus schwarzem Gewölk,
Am Rand stand ein Mond aus Glas.

Da zerbarst das Gewölk, und immer noch
Stand der Mond der Wolke zur Seit
Wie Wasser von Klippe zu Klippe bricht,
Schoß der Blitzstrahl nieder, ein pfeilgrades Licht,
Ein Wasserfall, steil und breit.

Nie rührte der röhrende Wind an das Schiff,
Doch das Schiff war in vollem Lauf.
Und unter dem Blitzstrahl und unter dem
                                    Mond
Stöhnten die Leichen auf.

Ein Geist fährt in die Leichen der Schiffsmannschaft, und das Schiff bewegt sich weiter fort;

Sie stöhnten, sie rührten sich, tauchten empor
Ohne Wort, ohne Augenwink.
Sie auferstehen wäre im Traum
Selbst zu sehen ein sonderbar Ding.

Der Steuermann steuert, das Schiff ist im Lauf,
Doch kein Wind hält das Segel gestrafft,
Die Seeleute werken im Takelwerk,
Wie Befehl und Gewohnheit es schafft;
Sie regen die Glieder wie Puppen im Spiel,
Eine Mannschaft geisterhaft.

Die Leiche von meines Bruders Sohn
Stand bei mir, Knie an Knie;
Die Leiche und ich zog an einem Tau,
Doch er sagte kein Wort zu mir.«

doch nicht mit Hilfe der Seelen von Menschen noch durch Dämonen der Erde oder des mittleren Himmels, sondern

William Turner, Fischer auf See, 1796 (Ausschnitt).
Öl auf Leinwand

»Mir graut's vor dir, alter Seefahrer!«
»Mein Hochzeitsgast, guten Mut!
Es waren nicht Seelen, geflohen in Pein,
Zu kehren aufs neu in die Leiber ein,
Doch Geister, selig und gut.

vermöge einer Schar himmlischer Geister, auf die Fürsprache des Schutzpatrons hin niedergesandt.

Denn sie senkten die Arme, als Dämmerung kam,
Rings um den Mastbaum geschart:
Und süßer Gesang entstieg ihrem Mund
Zu seliger Himmelfahrt.

Ringsum und entlang zog der süße Gesang
Und schwebte zur Sonne empor.
Und langsam hallte das Echo zurück,
Bald einzeln und bald im Chor.

Da hört ich manchmal der Lerche Schlag
Tropfen vom Himmelsrand
Und manchmal die kleinen Waldvögel all,
Wie sie füllten die See und die Lüfte mit Schall
Und jubelndem Unverstand!

Nun waren es Hörner und Geigen vereint,
Nun Flöte, die einsam steigt,
Nun aber ist es des Engels Gesang,
Vor dem selbst der Sphärenklang schweigt.

Da wurde es still, nur das Segel fuhr fort
Mit dem süßen Geräusch bis Mittag,
So als rauschte dahin ein verborgener Bach
Durch den Juni im schweigenden Hag,
Der ins schlafende Laubwerk der tiefen Nacht
Einen Schlummersang singen mag.

Bis Mittag glitten wir ruhig dahin,
Doch hat sich kein Lüftlein gerührt.
Langsam und sänftiglich zog das Schiff,
Von unten her angeführt.

*Der einsame Geist
vom Südpol trägt
das Schiff bis an den
Äquator, gehorsam
der himmlischen
Schar, jedoch er for-
dert immer noch
Sühne.*

Unter dem Kiel neun Faden tief
Aus dem Land von Nebel und Schnee
War der Geist uns gefolgt, und er schob
                    das Schiff
Über die reglose See.
Das Segel am Mittag verlor den Gesang,
Und das Schiff blieb stillestehn.

Die Sonne, gerade über dem Mast,
Bannte des Bootes Bewegung;
Doch im nächsten Nu, da bäumt' es sich auf
In scharfer und zuckender Regung,
Rückwärts und vorwärts schlingerte es
In scharfer und zuckender Regung.

Wie ein Pferd, das schäumend zum Lauf
sich schickt,
Sprang es jählings vor und empor.
Es schoß das Blut in mein Gehirn,
Daß ich mich in Ohnmacht verlor.

*Die Genossen des
Polargeistes, die Dä-
monen und unsicht-
baren Bewohner des
Elements, nehmen
Anteil an seinem*

Ich weiß nicht, wie lang ich darniederlag
In dieser Ohnmacht Gruft;
Doch ehe mein Leben mir wiederkam,
Lauschte auf meine Seele und vernahm
Zwei Stimmen in der Luft.

›Ist er's?‹ sprach die eine, ›Ist das der Mann?
Beim Heiland, er hob sein Geschoß.
Er zielt' himmelwärts und traf in das Herz
Den schuldlosen Albatros.

Der Geist, der fern und einsam geweilt
In dem Land aus Nebel und Schnee,
Er liebte das Tier, das den Mann geliebt,
Der den Tod ihm gab und das Weh.‹

Die andre Stimme war sänftiglich
Und dunkler als der Mohn.
Sie sprach: ›Der Mann hat Buße getan,
Mehr Buße wird er tun.‹

Geschick; und zwei derselben erklären einander, daß lange und schwere Buße über den Seefahrer verhängt und dem Polargeist zugestanden wurde, der nach seinem Süden zurückkehrt.

SECHSTER TEIL

Erste Stimme:
›Doch sage und sprich wiederum!
Deine sanfte Antwort sag an!
Was treibt das Schiff so schnell dahin?
Was treibt der Ozean?‹

Zweite Stimme:
›Der Ozean hat keinen Hauch,
Den nicht sein Herr gesandt;
Sein Aug ist voll und geisterstill
Zum Mond emporgewandt,

Daß er erseh, wohin er geh,
Denn der Mond führt ihn, bös oder gut.
Schau auf, Gesell! Wie liebehell
Das Mondlicht auf ihm ruht.‹

87

Der Seefahrer ist in einen Traumzu-stand geraten; denn die himmlische Macht läßt das Schiff schneller nach Norden schießen, als menschliches Le-ben es ertragen könnte.

Erste Stimme:
›Doch es ist keine Flut und es ist kein Wind,
Was schießt das Schiff hin voller Hast?‹

Zweite Stimme:
›Die Luft vorm Bug wird fortgesaugt
Und schließt sich hinter dem Mast.

Genug! Genug! Und fort im Flug,
Daß wir uns nicht versäumen.
Denn langsam lang wird des Schiffes Gang,
Schrickt der Seefahrer erst aus den Träumen.‹

Die übernatürliche Bewegung hat aus-gesetzt; der Seefah-rer erwacht, und seine Buße hebt aufs neue an.

Ich wachte auf, und wir fuhren dahin,
Als hätte der Sturm sich verlaufen.
Es war Nacht, stille Nacht, der Mond hielt
                                        Wacht,
Die Toten standen in Haufen.

Sie standen in Haufen beisammen auf Deck,
Ein Beinhaus deckte sie besser,
Sie sahn mich mit gläsernen Augen an,
Die im Monde zuckten wie Messer.

Die Qual, der Fluch ihrer Sterbestund
Durchfuhren mich früh und spät.
Ich konnte von ihnen nicht wenden den Blick,
Noch senden ihn hoch im Gebet.

Der Fluch ist end-lich gesühnt.

Doch nun brach der Bann und ich schaute
                                        hinaus
Auf die Wellen, die schattengrün ziehn,
Ich schaute aufs neu und gewahrte kaum,
Was sonst noch da draußen erschien –

Wie einer, der einsam die Straße zieht
Vor Angst und Schauer schwer,
Noch einmal sich wendend, weiterzieht
Und wendet sein Haupt nicht mehr,
Denn siehe, er weiß, der erzböse Feind
Stapft ihm auf den Fersen einher.

Doch bald, da hob ein Windhauch an
Aus reglosem Himmel zu wehn,
Es war sein Weg nicht auf dem Meer
In Schaum oder Schatten zu sehn.

Er hob mein Haar, strich um mein Kinn
Wie durch Frühlingswiesen der Föhn,
Sprang seltsam ein in meine Angst,
Und doch war Willkomm im Getön.

Geschwind, geschwinde flog hin das Schiff,
Doch segelt' es sänftiglich auch.
Gelind, gelinde die Brise blies,
Um mich nur wehte der Hauch.

O Wirbel der Freude! Ist dies der Turm,
Der Leuchtturm über dem Strand?
Ist dies die Kapelle? Ist dies der Bühl?
Ist dies mein eigenes Land?

Und der alte Seefahrer erschaut sein Heimatland.

Wir glitten die Hafensperre durch,
Und dies war das Herz des Gebets:
Laß jetzt mich wachen, Herr, mein Gott,
Oder laß mich schlafen stets.

Der Hafenweg war klar wie Glas,
So rein war er gefegt!

Und über den Weg war das Licht des Monds
Und des Mondes Schatten gelegt.

Der Fels schien hell, das Kirchlein hell,
Das auf den Fels getan,
Und das Mondlicht streute sein Schweigen auf
Den beständigen Wetterhahn.

Die himmlischen
Gestalten verlassen
die toten Männer

Und die Bai war weiß vor Licht und Gegleiß,
Bis über den Schimmer hin
Gestalten viel, ein Schattenspiel,
Sich hoben in Karmesin.

und erscheinen in
ihrer eigenen Licht-
gestalt.

Und jene Gestalten aus Karmesin
Schwebten dicht über dem Bug.
Ich wandte die Blicke wieder zum Deck –
O Jesus! Ich sah genug!

Jede Leiche lag flach, lag leblos und flach,
Und, bei Christi Todesstund!
Ein Mann ganz aus Licht, ein Seraph-Mann,
Stand auf jeglicher Leiche Mund.

Die Seraph-Schar winkte mit Hand und Haar,
O himmlisches Gesicht!
Sie standen als Zeichen für das Land,
Ein jeder ein himmlisches Licht.

Die Seraph-Schar winkte mit Hand und Haar,
Keine Stimme war um sie,
Keine Stimme, aber das Schweigen sank
Aufs Herz mir als Melodie.

Doch bald vernahm ich Ruderschlag
Und hörte des Lotsen Schrei;
Gewaltsam wandte mein Haupt sich ab,
Ein Schifflein schoß herbei.

Der Lotse und des Lotsen Gesell
Kamen da durch den Gischt gepresoht.
O Freude! O du Himmelslicht,
Das kein Toter mir verlöscht.

Ich sah einen dritten und hörte ihn:
Es ist der Einsiedel alt!
Er singt seine Hymnen vor sich hin,
Die er aussinnt in Höhle und Wald.
Er wird das Blut des Albatros
Von mir waschen mit sanfter Gewalt.

SIEBENTER TEIL

Der Einsiedel alt lebt droben im Wald,   *Der Eremit der*
Der sich niedersenkt an den Strand.   *Wälder*
Er singt seine Hymnen über sich fort
Und tauscht mit den Seefahrern gerne ein Wort,
Die da kommen aus fernem Land.

Des Morgens kniet er und mittags
Und in der Dämmerung.
Sein Schemel ist, von Moos verhüllt,
Der knorrige Eichenstrunk.

Sie kamen; ich hörte: ›Hier geht es nicht
Mit rechten Dingen her!

Wo sind die Lichter, die loh und lind
Uns Zeichen gaben vom Meer?‹

nähert sich dem Schiff in Verwunderung.

›Nicht mit rechten Dingen‹, der Einsiedel
          sprach,
›Und sie antworten nicht unserm Schrei!
Die Balken vermorscht und verdorrt
        das Gebälk
Und die Segel, wie dürftig und welk!
Dergleichen habe ich niemals gesehn,
Außer vielleicht es sei

Das braune Gerippe von Treiblaub, das
Den Waldbach zag abwärts fährt,
Wenn der Weidenbaum aufknirscht,
        schwer beschneit,
Und die Eule zum Wolf hinunterschreit,
Der den Wurf der Wölfin verzehrt.‹

›Hilf Gott! Das ist ein Gespensterschiff!‹
(Dem Lotsen gefror das Blut.)
›Ruder weiter!‹ rief der Einsiedel da,
›Ruder fort und verlier nicht den Mut!‹

Das Boot lag nahe an dem Schiff,
Doch sprachlos und starr war mein Fleisch;
Das Boot lag nahe unter dem Schiff,
Da erhob sich ein großes Geräusch.

Das Schiff versinkt plötzlich.

Unter dem Wasser rauscht es fort,
Es bebte und barst die Bai,
Und lauter und lauter erfaßt es das Schiff,
Das Schiff geht unter wie Blei.

Betäubt von dem tödlich lauten Gekrach,
Da Meer und Himmel zersprang,
Wie einer, ertrunken vor langer Frist,
Trieb mein Leib die Wellen entlang –
Doch traumschnell fand ich mein Haupt gestützt
Auf des Lotsen Ruderbank.

*Der alte Seefahrer
wird im Boot des
Lotsen geborgen.*

Über dem Sog, da das Schiff sank,
Dreht' sich, ein Kreisel, ein Boot,
Und alles war still, und es hallte nur schrill
Vom Hügel das Echo der Not.

Ich regte die Lippen, der Lotse schrie auf,
Vor Grauen rückwärts geschlagen,
Der Einsiedel hob sein Gesicht zu mir,
Ein Vaterunser zu sagen.

Ich nahm die Ruder; des Lotsen Gesell,
Der jetzt in Wahnsinn geht,
Lachte laut und lang, und dabei war sein Aug
Bald hierhin, bald dorthin verdreht.
Und er schrie, wirr und heiß: ›Dies ist der Beweis,
Daß der Teufel das Rudern versteht!‹

Nun stand ich in meiner Heimat ganz
Und stand auf festem Land!
Der Einsiedel trat aus dem Boot hervor,
Er schwankte, wo er stand.

›Erlös, erlöse mich, heiliger Mann!‹
›Beim Heiligen Geist, sag an!‹
Er schlug ein Kreuz über seine Stirn,
›Was bist du für ein Mann?‹

*Der alte Seefahrer
fleht den Einsiedel
an, ihn zu erlösen,
und die Buße des*

*Lebens wird ihm
auferlegt.*
Da faßte mich die große Qual,
Brach fast den Leib entzwei.
Ich muß aussagen, was geschah,
Und atme wieder frei.

*Und immer wieder
während seines
künftigen Lebens
wird ihn eine innere
Glut zwingen, von
Land zu Land zu
fahren*
Seit damals, zu unbestimmter Stund,
Faßt mich die Qual und Gier,
Und wenn ich nicht sage, was geschah,
Verbrennt das Herz in mir.

Ich geh wie Nacht von Land zu Land,
Hab seltener Rede Gewalt,
Und ich seh ein Gesicht und erkenne den Man
Und weiß, er erhört mich und hört mich an,
Er muß, und lauscht alsbald.

Welch lautes Gebraus bricht aus Türe und Hau
Auf der Hochzeit geht es hoch her!
In der Laube windet den Jungfernkranz
Der Braut die Jungfernschar.
Und horch, die kleine Glocke lädt
Zur Vesper vom Hügel klar!

O Hochzeitsgast! Diese Seele war
Auf weit-weiter See allein.
So einsam war sie, daß Gott selbst
Gestorben schien zu sein.

O seliger als das Hochzeitsfest
Ist mir's, mit Himmelskraft
Zu wallen zur Kapelle dort
In guter Pilgerschaft.

Zu wallen zur Kapelle dort
Und beten, all und ein.
Vorm Vater knien wunderbar
So Greis wie Kind und Freundespaar
Und Bursch und Jüngferlein.

Leb wohl, leb wohl, du Hochzeitsgast,
Doch lern dies Wort von mir:
Der betet gut, der lieben kann
Mensch, Vogel und Getier.

Am besten betet, wer die Lieb
Zu jedem Ding erfuhr;
Denn Gott, der Vater, der uns schuf,
Liebt alle Kreatur.«

Der Seefahrer, das Aug aus Stahl,
Den grauen Bart voll Grams,
Ist fort. Nun wandte sich der Gast
Vom Tor des Bräutigams.

Er ging, als wäre er betäubt
Und wüßte Wege nicht.
Und trauriger und weiser stand
Er auf im nächsten Licht.

und durch sein eigenes Beispiel Liebe zu lehren und Ehrfurcht vor allen Dingen, die Gott schuf und liebt.

GEORGE GORDON,
LORD BYRON

›Erinnre nie, erinnre nie‹

Erinnre nie, erinnre nie
   An die geliebten fernen Stunden,
      Wo ganz mein Herz dir hingegeben;
O! nimmermehr vergess' ich sie,
   Bis einst die Lebenskraft entschwunden
      Und du und ich nicht fürder leben.

Könnt' ich, könnt'st du vergessen je,
   Als ich dir spielt' im Lockengolde,
      Wie schnell dein bebend Herz geschlagen?
O! wie ich jetzt noch deutlich seh'
   Des Blickes Glut, die Brust die holde,
      Des stummen Mund's beredtes Fragen!

Wenn, so gelehnt an meine Brust,
   Dein Auge süßen Schimmer sprühte,
      Ergebung halb, halb Widerstehen:
Wie, näher stets gedrängt in Lust,
   Dann Lipp' an Lippe bebend glühte,
      Als gält's, in Küssen zu vergehen:

Dann schlossest du die Augen ganz,
   Es senkten sich die Augenlider,
      Die Azurkreise zu umschlingen;
Indes der Wimpern dunkler Glanz
   Sich stahl die reinen Wangen nieder,
      Wie auf die Schneeflur Rabenschwingen.

Neu sah im Traum die Lieb' ich blühn,
   Doch süßer wollte mir erscheinen
      Der Traum, den Phantasie gesponnen,
Als für die andern all' mein Glühn,

Für Augen, die nicht glichen deinen,
  In wilder Wirklichkeit der Wonnen.

Drum nie an Zeit erinnre mich,
  Die, mag sie nie mehr auch erscheinen,
    Doch in den Traum kann Wonne weben,
Bis einst vergessen du und ich,
  Und leblos wir gleich morschen Steinen,
    Nur meldend, daß wir nicht mehr leben.

In ihrer Schönheit wandelt sie

In ihrer Schönheit wandelt sie
Wie wolkenlose Sternennacht;
Vermählt auf ihrem Antlitz sieh
Des Dunkels Reiz, des Lichtes Pracht:
Der Dämmrung zarte Harmonie,
Die hinstirbt, wenn der Tag erwacht.

Ein Schatten mehr, Licht minder klar,
So wär' die tiefe Anmut nicht,
Die niederwallt im Rabenhaar
Und sanft verklärt ihr Angesicht,
Aus welchem hold und wunderbar
Die reine liebe Seele spricht.

O diese Wang', o diese Brau'n,
Wie sanft, wie still, und doch beredt,
Was wir in ihrem Lächeln schau'n!
Ein frommes Wirken früh und spät,

Ein Herz voll Frieden und Vertrau'n,
Und Lieb', unschuldig wie Gebet.

›In mir ist Nacht‹

In mir ist Nacht – oh, schnell besaite
Die Harfe, die den Gram bezwingt;
Erweckt von leisen Fingern, gleite
Der Schall, der süß und schmelzend klingt.
Wenn noch dies Herz nach Hoffnung ringt,
Dein Zauberton läßt sie erblühn;
Wenn Träne noch im Aug entspringt,
Sie fließt, anstatt im Hirn zu glühn.

Wild sei und tief der Töne Fluß,
Kein Lied, von Glück und Lust verklärt:
Ich sag dir, daß ich weinen muß,
Sonst springt dies Herz, von Qual verzehrt;
Denn sieh, es ward von Gram genährt,
Schlaflos und schweigend kämpft' es lang;
Nun hat es seinen Kelch geleert,
Und bricht – oh, schmelz es im Gesang!

›Ich sah dich weinen‹

Ich sah dich weinen – hell und schwer
Die Trän im tiefsten Blau;
Da deuchte mir, das Auge wär

Ein Veilchen feucht von Tau.
Ich sah dich lächeln – bleich und fahl
Erschien des Saphirs Glühn,
Besiegt von dem lebend'gen Strahl,
Den deine Blicke sprühn.

Wie das Gewölk den goldnen Saum
Von jener Sonn empfängt,
Den selbst der Abendschatten kaum
Vom Himmelszelt verdrängt,
So strahlt dein Lächeln all sein Glück
Ins finsterste Gemüt
Und läßt den Sonnenschein zurück,
Der hell das Herz durchglüht.

Als wir einst schieden

Als wir einst schieden
    Tränen im Blick,
Stumm, ohne Frieden –
    Grauses Geschick!
Ward deine Wange bleich,
    Kälter dein Kuß,
Ahnt' ich, was kummerreich
    Dulden ich muß.

Wie kalt an dem Tage
    Der Tau mich genetzt!
Wie warnende Klage
    Und Ahnung vom Jetzt!
Dein Eid ist gebrochen,

Dein Name, so leicht,
Hat, einmal gesprochen,
　　Vor Scham mich erweicht.

Dein Namen umhallt mich
　　Wie Grabesgetön,
Ein Schauer faßt kalt mich; –
　　Was warst du so schön?
Sie wissen nicht, daß ich
　　So gut dich gekannt, –
Dein Bild noch umfass' ich,
　　In Klagen gebannt.

Geheim durft' ich nahn dir, –
　　Geheim ist mein Schmerz,
Daß Treu' nur ein Wahn dir,
　　Daß Falschheit dein Herz.
Treff' ich auf's neu' dich,
　　Wenn Jahre dann um,
Wie grüß' ich wohl treu dich? –
　　Weinend und stumm.

Strophen für Musik

Keine Freude reicht die Erde
Der vergleichbar, die sie nimmt,
Wenn der Jugend Glutempfindung
In ein dumpf Gefühl verglimmt.
Auf der sanften, jungen Wange
Bleicht die Röte nicht so schnell,

Als des Herzens zarte Blüten,
Eh' versiegt der Jugend Quell.

Jene Wen'gen, welche schwimmen
Auf des Glückes Wrack voll Mut,
Treibend über Sündenklippen
Und der Lüste Meeresflut:
Haben den Magnet verloren
Oder ach! er kündet an
Solche Küsten, wohin nimmer
Ihr zerriss'nes Segel kann.

Wie der Tod naht sich die Kälte
Des Gemütes ungesäumt,
Fremden Schmerz nicht kann es fühlen,
Da es nicht vom eignen träumt;
Von dem starren Frost gefrieret
Dann der Tränen Quelle ganz,
Und ob auch das Auge funkelt,
Ist es doch des Eises Glanz.

Ob auch Witz dem Mund entströmet,
Ob auch Scherz die Brust erhellt
In den mitternächt'gen Stunden,
Denen sich kein Schlaf gesellt!
Schlingen doch auch Efeuranken
Sich um den zerfall'nen Bau,
Alles grün und frisch von außen,
Doch darunter morsch und grau.

Könnt' ich, wie ich fühlte, fühlen
Oder wär' ich, was ich war,
Könnt' ich, wie ich weinte, weinen
Um so manch' entschwunden Jahr!

Süß erscheint der Quell in Wüsten,
Ob er noch so salzig sei,
Süß auch wären mir die Tränen
In des Lebens Wüstenei!

Childe Harolds Pilgerfahrt
[AUSZÜGE]

HAROLD AM RHEIN
(III. GESANG)

50

Du aber, jauchzender, glücksel'ger Fluß,
Du Strom des Segens für dein schönes Land!
Wie unvergänglich wäre dein Genuß,
Wenn nur der Mensch verschonte deinen Strand!
Die hoffnungsreichen Gaben deiner Hand,
Mit scharfer Sichel mäht sie Haß und Zwist;
Sonst wär Elysium an deinem Rand.
Elysium wär es mir, auch wie es ist –
Nur eines fehlt': daß du, o Rhein, nicht Lethe bist.

51

Dein Bett hat tausendmal der Krieg gestürmt;
Vergessen sind die Krieg und ihre Qual.
Die Schlacht hat ihre Leichen hier getürmt;
Wo sind sie jetzt? wo ist ihr Totenmal?
Dein Wasser wusch das Blut hinweg; dein Tal

Lag wieder fleckenlos; kristallnen Raum
Durchblitzte tanzend hell der Sonnenstrahl;
Doch nagende Erinnrung, schwarzen Traum
Spült auch der Rhein nicht fort mit seinem Wogenschaum.

[. . .]

55

Weit droht ins offne Rheingefild
Der turmbezinnte Drachenstein;
Die breite Brust der Wasser schwillt
An Ufern hin, bekränzt vom Wein,
Und Hügeln, reich an Blüt und Frucht
Und Aun, wo Traub und Korn gedeihn,
Und Städten, die an jeder Bucht
Schimmern im hellen Sonnenschein:
Ein Zauberbild! – doch fänd ich hier
Zwiefache Lust, wärst du bei mir!

Und manche blonde Bäuerin
Mit Frühlingsblumen in der Hand
Geht lächelnd durch dies Eden hin;
Hoch oben blickt vom Felsenrand
Durch grünes Laub das Räubernest,
Und manches Riff mit schroffer Wand
Und kühnen Bogens stolzer Rest
Schaun weit hinaus ins Rebenland;
Nur eines fehlt dem schönen Rhein:
Dein Händedruck – ich bin allein!

Die Lilien, welche ich empfing,
Send ich zum Gruße dir ins Haus;
Wenn auch ihr Duft und Schmelz verging,
Verschmähe nicht den welken Strauß!

106

Ich hielt ihn hoch, ich weiß es ja,
Wenn deine Augen bald ihn sehn,
Dann ist mir deine Seele nah:
Gesenkten Hauptes wird er stehn
Und sprechen: Von dem Tal des Rheins
Schickt diesen Gruß sein Herz an deins.

Der stolze Strom, er braust und fließt,
Der Schmuck in diesem Zaubergrund;
In tausend Windungen erschließt
Sich neue Schönheit, reich und bunt.
Wer wünschte nicht mit Herz und Mund
Ein Leben lang zu rasten hier?
Kein Raum wär auf dem Erdenrund
So teuer der Natur und mir,
Wenn deine lieben Augen nur
Noch holder machten Strom und Flur.

[. . .]

58

Seht, Ehrenbreitstein mit gesprengter Mauer,
Von Rauch geschwärzt! Noch zeigt es jene Macht,
An welcher Bomben einst und Kugelschauer
Ohnmächtig abgeprallt sind und zerkracht.
Ein Turm des Siegs, der oft von hoher Wacht
Die Feinde sah in wilder Flucht ergossen;
Doch Friede stürzte, was getrotzt der Schlacht:
Dem Regen steht das stolze Dach erschlossen,
Das nie sich öffnete den feindlichen Geschossen.

William Turner, Der Ehrenbreitstein und Marceaus Grab, 1835.
Öl auf Leinwand

Leb wohl, du schöner Rhein! Nur ungern flieht
Der Wandrer deinen holden Talesgrund;
Mit gleicher Lust durch deine Fluren zieht
Einsamer Traum und süßer Herzensbund;
Und könnte je der Selbstqual Geierschlund
Ausruhn vom Fraß, hier würd er es fürwahr,
Wo die Natur, zu ernst nicht noch zu bunt,
Wild, doch nicht rauh, groß, aber freundlich klar,
Das für die Erd ist, was der goldne Herbst dem Jahr.

Leb wohl! leb wohl! Doch ach, es ist umsonst:
Abschied von dir wird immer nichtig sein,
Der du das Herz mit deiner Pracht durchsonnst!
Und wenn das Auge zögernd auch auf dein
Geliebtes Bild verzichtet, holder Rhein,
So ist's der Scheideblick der Dankbarkeit.
Manch andres Land nennt stolzre Szenen sein,
Du trägst, auf eine Wunderschnur gereiht,
Schönheit, Pracht und Milde, die Glorien alter Zeit,

Bescheidne Größe, Blüte künft'ger Frucht,
Schimmernder Städte weißen Widerschein,
Flutenden Strom und finstre Bergesschlucht,
Hochwald und drin die gotischen Abtein,
Gezackten Felsen, der die Burgbastein
Der Menschen nachäfft – und in dieser Welt

Ein fröhlich Völkchen, glücklich wie der Rhein,
Der seine Gaben keinem vorenthält
Und Segen strömt, wenn unfern auch ein Weltreich fällt.

HAROLD IN VENEDIG
(IV. GESANG)

I

Ich weilte auf Venedigs Seufzerbogen,
Ein Kerker, ein Palast zu jeder Hand;
Ich sah die Bauten steigen aus den Wogen
Wie Zaubrers Blendwerk; ein Jahrtausend stand
Vor mir, die dunklen Flügel ausgespannt;
Sterbender Glanz umfloß die sieggewohnte
Versunkne Zeit, da manch bezwungnes Land
Dem Marmorsitz des Flügellöwen fronte,
Wo stolz Venezia auf hundert Inseln thronte.

2

Sie steigt empor, des Meeres Kybele,
Bediademt mit Türmen, aus der Flut,
Gebietend, eine Herrscherin der See;
Einst war sie's: ihrer Töchter Heiratsgut
War unterjochter Könige Tribut,
Und Indien goß aus Minen, nie geleert,
In ihren Schoß der Edelsteine Glut;
Purpur war ihr Talar, an ihrem Herd
Saß mancher Fürst als Gast und deuchte sich geehrt.

3

Verstummt sind in Venedig Tassos Lieder;
Still rudert, ohne Sang, der Gondelier;
Paläste bröckeln auf das Ufer nieder,
Und selten tönt Musik durch das Revier.
Die Zeit ist hin, doch weilt noch Schönheit hier.
Staaten vergehn, die Kunst sinkt in Verfall,
Nur die Natur ist ewig, und vor ihr
Ist noch Venedig für die Völker all
Der Tummelplatz der Lust, Italiens Karneval.

4

Eins aber ist, was größren Zauber hat
Als all ihr Ruhm, von dem die Chronik spricht,
Als, trauernd ob der dogenlosen Stadt;
Der Heldenschatten Zug im Mondenlicht.
Unsre Trophäe modert nicht noch bricht
Mit dem Rialto: Shylock und der Mohr
Und auch Pierre, sie alle stürzen nicht,
Die Schlußstein im Portal. Ob auch zuvor
Venedig stirbt, dies steigt noch aus dem Grab empor.

[. . .]

18

Als Kind schon lieb ich es: Venedig lebte
In meiner Brust wie eine Feenstadt,
Die, Wassersäulen gleich, dem Meer entschwebte,
Ein Markt des Reichtums und der Freude Pfad!
Durch Otway, Radcliffe, Schiller, Shakespeare tat
Sich mir ihr Bildnis auf, und in mir tragen

William Turner, Venedig, die Seufzerbrücke, 1840.

Will ich's, wieviel sich auch verändert hat;
　Mir teurer ist sie in des Unglücks Tagen
Als in der einst'gen Pracht, die sie zur Schau getragen.

19

Bevölkern kann ich sie mit alter Zeit,
　Und auch die Gegenwart – mir ist, als gebe
Sie Stoff dem Aug und der Beschaulichkeit
Mehr, als ich hoffte, mehr, als ich erstrebe.
Manch schöne Stunde, die sich ins Gewebe
Des Daseins einwob, färbt ein Widerschein,
Als ob Venedigs Glanz sie noch umschwebe:
Gefühle gibt's, die weder Zeit noch Pein
Erstickt – sonst würde meins wohl stumm und steinern sein.

HAROLD IN GRIECHENLAND
(II. GESANG)

73

Mein Hellas! Trümmerstätt entschwundner Schöne!
Tot, doch unsterblich; groß, obwohl entweiht!
Wer sammelt deine weitzerstreuten Söhne
Und heilt der Knechtschaft altgewohntes Leid?
Wie anders deine Söhn in alter Zeit,
Als in Thermopyläs geweihtem Passe
Sie willig stritten hoffnungslosen Streit!
　Ist keiner, den der alte Geist erfasse,
Daß er aus deiner Gruft dir bahnen mag die Gasse?

[. . .]

Wenn Lazedämons Kühnheit wird erstehn,
Wenn Theben wappnet seinen Heeresbann,
Wenn wieder Herzen schlagen in Athen
Wenn jeder Säugling reifen wird zum Mann,
Dann magst du auferstehen – ja erst dann.
Kaum ein Jahrtausend bildet Staatenmacht,
Ein Tag oft legt sie in den Staub – und kann
Der Mensch erneuern die zerschlagne Pracht,
Aufwecken tote Kraft, besiegen Grab und Nacht?

Und doch, wie bist du schön in deinem Weh!
Heimat der Götter und der Göttergleichen!
Der Täler ewig Grün, der Berge Schnee
Trägt noch der alten Anmut Adelszeichen.
Langsam, vermischt mit Staub der Heldenleichen,
Beugt sich der Tempel auf dein Angesicht,
Vom Pflug zerbröckelt mit stumpfsinn'gen Streichen.
So brechen Menschenwerke, so zerbricht
Alles – nur eins, der Ruhm der wahren Größe nicht.

Nur eine Säule steht wohl noch und klagt
Um die gestürzten Schwestern aus der Kluft;
Nur noch Tritonias luft'ger Tempel ragt
Vom Kap Colonna in die blaue Luft;
Nur eines Kriegers halbverschollne Gruft
Trotzt (dem Vergessen nicht) der Zeit noch schwach

Mit grauem Stein und grünem Rasenduft;
Der Wandrer geht vorbei, er schaut danach
Und steht wohl still, wie ich, und seufzt ein leises Ach!

87

Blau sind die Himmel und die Klippen wild,
Hold sind die Haine, die Gefilde grün,
Als lächle Pallas noch; die Ölfrucht schwillt;
Die Biene, wo Hymettos' Kräuter blühn,
Baut noch ihr duftig Schloß mit ems'gem Mühn,
Die freie Seglerin der Bergeshöhn;
Vom Gold Apolls die Marmorbrüche glühn,
Als ob die langen Sommer nie entflöhn;
Kunst, Freiheit, Ruhm verwelkt – Natur ist ewig schön.

88

Geweihter Grund ist hier, wo ihr auch schreitet,
Staub, der gemeine Formen nie gebar;
Ein weites Wunderreich liegt ausgebreitet,
Und alles, was die Muse sang, ist wahr,
Bis unsre Augen fiebern, die so klar
Die Szenen unsrer frühsten Träume sehn.
Die Zeit zermalmte Tempel und Altar,
Fels aber, Tal und Waldschlucht widerstehn;
Das graue Marathon, es überlebt Athen!

Nichts hier ist neu, nichts als das Sklaventum;
Dieselbe Sonne noch, derselbe Ort;
Die alte Grenz und grenzenlosen Ruhm
Bewahrt das Schlachtfeld, wo einst Persiens Hort
Dahinsank vor des Griechenschwertes Mord,
Wie an dem Tag, an welchem für die Welt
Marathons Name ward ein Zauberwort;
Bei seinem Klang steigt Heer und Kriegsgezelt
Und Kampf und Sieg empor, und wieder lebt das Feld!

Der fliehnde Meder, sein zerbrochner Bogen;
Des Griechen Zorn, sein roter Würgerspeer;
Die Berge droben, unten Erd und Wogen,
Tod hinter ihm, Verderben vor ihm her!
So war die Szene – und was blieb von der?
Wo melden hier Trophän und Opferherde
Von Asiens Trän und Hellas stolzer Wehr?
Entweihte Krüg, entehrte Grabeserde,
Der Staub, du rauher Frank, am Hufe deiner Pferde.

Doch zu den Trümmern deiner alten Pracht
Ziehn unermüdlich ernste Pilgerheere;
Lang noch, du Land der Lieder und der Schlacht,
Grüßt dich der Fremdling von Ioniens Meere;
Lang noch erfüllt mit deines Namens Ehre
Der Sprachen herrlichste den fernen Nord,

Der Stolz des Greises und des Jünglings Lehre,
Der Dichtung Kleinod und der Weisheit Hort,
Wenn Pallas und die Muse spricht ihr hehres Wort.

›Lebe wohl, und sei's auf immer!‹

Sie waren Freund' in jungen Tagen;
Doch Freundschaft stirbt an Flüstersagen,
Und Treu ist aus der Welt vertrieben,
Und scharf der Dorn und kurz der Mai,
Und grollen müssen, wo wir Leben,
Das wühlt im Hirn wie Raserei.
* * * * * * * * * * *
Nie aber fanden sie einander,
Um frei zu sein von stummen Qualen –
Sie standen starr, mit blut'gen Malen,
Wie Klippen, die ein Erdstoß trennte;
Die See fließt zwischen diesem Paar,
Und Frost und Glut und Elemente
Vertilgen niemals ganz und gar
Die Spur von dem, was einmal war.
Christabel von Coleridge

Lebe wohl, und sei's auf immer!
Sei's auf immer, lebe wohl!
Doch, Versöhnungslose, nimmer
Dir mein Herze zürnen soll.

Könnt ich öffnen dir dies Herze,
Wo dein Haupt oft angeschmiegt
Jene süße Ruh gefunden,
Die dich nie in Schlaf mehr wiegt!

Könntest du durchschaun dies Herze,
Und sein innerstes Gefühl!
Dann erst sähst du: es so grausam
Fortzustoßen war zu viel.

Mag sein, daß die Welt dich preise
Und die Tat mit Freuden seh, –
Muß nicht selbst ein Lob dich kränken,
Das erkauft mit fremdem Weh?

Mag sein, daß viel Schuld ich trage;
War kein andrer Arm im Land,
Mir die Todeswund zu schlagen,
Als der einst mich lieb umwand?

Dennoch täusche dich nicht selber,
Langsam welkt die Liebe bloß,
Und man reißt so raschen Bruches
Nicht ein Herz vom Herzen los.

Immer soll dein Herz noch schlagen,
Meins auch, blut es noch so sehr;
Immer lebt der Schmerzgedanke:
Wieder sehn wir uns nicht mehr!?

Solche Worte schmerzen bittrer,
Als wenn man um Tote klagt,
Jeder Morgen soll uns finden
Im verwitwet Bett erwacht.

Suchst du Trost, wenns erste Lallen
Unsres Mägdleins dich begrüßt:
Willst du lehren »Vater« rufen
Sie, die Vaters Huld vermißt?

Wenn, umarmt von ihren Händchen,
Dich ihr süßer Kuß entzückt,
Denke sein, der fern dich liebet,
Den du liebend einst beglückt.

Wenn du schaust, daß ihr Gesichtlein
Meinen Zügen ähnlich sei,
Zuckt vielleicht in deinem Herzen
Ein Gefühl, das mir noch treu.

Alle meine Fehltritt kennst du,
All mein Wahnsinn fremd dir blieb;
All mein Hoffen, wo du gehn magst,
Welkt, – doch gehts mit dir, mein Lieb.

Jed Gefühl hast du erschüttert;
Selbst mein Stolz, sonst felsenfest,
Beugt sich dir, – von dir verlassen,
Meine Seel mich jetzt verläßt.

Doch was helfen eitel Worte, –
Kommt ja gar von mir das Wort!
Nur entzügelte Gedanken
Brechen durch des Willens Pfort.

Lebe wohl! Ich bin geschleudert
Fort von allen Lieben mein,
Herzkrank, einsam und zermalmet, –
Tödlicher kann Tod nicht sein!

Prometheus

Titan! vor dessen ew'gen Augen
Der Sterblichkeit elendes Los
Nicht wie ein Ding erschien, das bloß
Zum Spott für Götter mochte taugen!
Was lohnte dein erbarmend Herz?
Schweigsames Dulden, tiefster Schmerz!
Fels, Geier, Kette, alle Pein,
Die Stolz empfinden kann, war dein:
Die Marter, die kein Aug' erblickt,
Das Wehgefühl, das uns erstickt,
Das nur, wo es allein ist, spricht
Und eifersüchtig bebt, ob nicht
Der Himmel lauscht, und nimmer stöhnt,
Bis echolos sein Seufzer tönt.

Titan! dein Erbteil war der Streit,
Des Willens Kampf mit bittren Nöten,
Die Folter sind, wo sie nicht töten.
Des Himmels Unerbittlichkeit,
Des tauben Schicksals blinder Trieb,
Der Haß, das herrschende Prinzip,
Das Ding' erschafft, die es sodann
Zur eignen Lust vernichten kann, –
Versagten dir die Ruh' im Grabe:
Der Ewigkeit unsel'ge Gabe
War dein, – und stark ertrugst du sie.
Des Donnrers Grimm entriß dir bloß
Die Drohung, die auf ihn die Angst
Der Folter warf, in der du rangst:
Du sahst vorher sein künftig Los;
Er flehte, doch erfuhr es nie.
Sein Urteil war in deiner Stille,

Zu seiner Seel' ohnmächt'ger Wille
Und dunkle Furcht vor bösen Mächten, –
Der Blitzstrahl bebt' in seiner Rechten.

Göttlicher Frevel – hilfreich sein!
Durch Rat zu mindern und Gebot
Die Summen erdgeborner Not,
Dem Menschen Kraft im Geist zu leihn!
Die Götter störten dich beim Werke,
Jedoch in deiner Dulderstärke,
In deinem Trotz und Widerstand
Des Geistes, welchen zu bekehren
Himmel und Erd' unmöglich fand,
Blieb uns die größte aller Lehren.
Du bist ein Zeichen und Symbol
Des, was der Mensch vermag und muß;
Wie du ist er halb göttlich wohl,
Aus reiner Quell' ein trüber Fluß.
Und teilweis' auch erkennet er
Sein grabgeweihtes Los vorher.
Sein Elend und sein Widerstreben,
Sein traurig, unbefreundet Leben, –
Und seine einz'ge Waffe ist
Sein Geist, der mit dem Schmerz sich mißt,
Und fester Will' und tief Empfinden,
Das in Tortur und Jammers Nacht
Entschädigung kann finden,
Und siegt, wenn es zum Trotz erwacht,
Und zum Triumph das Sterben macht.

Diodati, Juli 1816

›Also, schwärmen soll ich nimmer‹

Also, schwärmen soll ich nimmer,

Schwärmen in die späte Nacht,
Wenn das Herz auch liebt wie immer,
Und der Mond noch freundlich lacht.

Denn das Schwert zerstört die Scheide,
Und das Herz verzehrt die Brust,
Und der Ruh' bedürfen beide,
Unsre Lieb' und unsre Lust.

Liebe liebt den Sternenschimmer,
Und zu schnell entflieht die Nacht,
Aber schwärmen werd' ich nimmer,
Wenn der Mond am Himmel wacht.

An diesem Tag vollende ich
mein sechsunddreißigstes Jahr

Zeit wär's, daß unbeweglich bliebe
    Dies Herz in der Verbannung Joch,
Doch ob auch Niemand mehr mich liebe,
    Ich liebe doch.

Mein Leben steht im gelben Laube,
    Der Liebe Blüt' und Frucht ist hin,
Da ich dem Wurm, dem Gram zum Raube
    Auf immer bin.

Die Glut, auf die mein Sein begründet,
  Ist tiefvulkanischer Natur,
Nicht Fackeln zündet sie – sie zündet
  Den Holzstoß nur.

Furcht, Hoffnung, eifersüchtig Streben,
  Der Liebe Wundermacht und Pein
Verschwand und ließ mir für das Leben
  Die Kett' allein.

Doch hier sind all' die Klagen eitel,
  In die sich meine Seele barg,
Wo Ruhm bedeckt des Helden Scheitel
  Und seinen Sarg.

Ich sehe Griechenlands Gefilde,
  Schwert, Banner in dem schönsten Licht,
Der Sparter, tot auf seinem Schilde,
  War freier nicht.

Wach' auf – nicht Hellas, längst erwachtes! –
  Wach' auf, mein Geist! denk', wer dein Blut
Gestärkt, und zieh' in reuentfachtes
  Gefecht voll Mut!

Laß nicht von Lüsten dich umfächeln,
  Halt' männlich deine Seele rein;
Gleichgültig muß der Schönheit Lächeln
  Und Groll dir sein!

Reut dich die Jugend, warum leben?
  Stirb in dem Land, wo's rühmlich Brauch,
In Kampf und Schlachten aufzugeben
  Den letzten Hauch!

Such' dir, was Krieger finden wollen,
    Ein Heldengrab, grünübermoost,
Schau' um dich, wähle dir die Schollen
    Und stirb getrost.

Missolonghi, d. 22. Jan. 1824

PERCY B. SHELLEY

Gedanken eines Republikaners
beim Sturz Bonapartes

Ich haßte dich, Tyrann! Ich stöhnte schon
Bei dem Gedanken, daß ein armer Wicht
Wie du verdunkeln darf der Freiheit Licht
Und tanzen kann auf ihrem Grab. Dein Thron,
Er könnte heute noch stehn, doch du wolltest
Den blutigen, billigen Pomp, den die Zeit
In Trümmer warf und in Vergessenheit.
Daß Mord in deinem Schlaf du spüren solltest,
Verrat und Knechtschaft, Furcht und Gier und Raub,
Die dich erstickten, dem galt mein Gebet.
Da du und Frankreich liegen jetzt im Staub,
Weiß ich, daß Tugend mehr entgegensteht
Als Macht und List: Legaler Mord und Brauch,
Als faulste Frucht der blutige Glaube auch.

Wechsel

Wir gleichen Wolken, die den Mond verhüllen;
wie blinkend sie in rastlos ziehnder Jagd
mit streifigem Licht die Dunkelheit erfüllen,
doch bald auf ewig schwinden in die Nacht!

Dem Saitenspiele auch, verstimmt, verschollen,
dem jeder Wind entlocket andren Ton,
und dem beim nächsten Hauche nie entquollen
derselbe Klang, der eben ihm entflohn.

Wir ruhn – ein Traum kann unsern Schlaf vernichten;
wir wachen – ein Gedanke trübt den Tag;
wir fühlen, lachen, weinen, denken, dichten,
in Weh und Jubel bebt des Herzens Schlag: –

Es bleibt sich gleich! – Der Freude wie den Sorgen
ist stets zum Flug die Schwinge ausgespannt;
des Menschen Gestern gleichet nie dem Morgen,
und nichts als nur der Wechsel hat Bestand.

Hymne an die geistige Schönheit
FASSUNG DES NOTIZBUCHES VON 1816

I

Der schöne Schatten einer hehren Macht
  Geht unter uns, besucht, ganz unerkannt,
  Auf leichtem Flügel dies bewohnte Land,
Wie Wind des Sommes, der durch Blumen lacht,
Wie Mondschein hinter eines Waldbergs feuchter Nacht,
  Besucht mit seinem Flimmerlicht
  Der Menschen Herzen und Gesicht;
Wie Farben, die der Abend fand, –
  Wie Wolken weit im Sternenlicht, –
  Wie Musik leis zu uns spricht, –
  Wie etwas, das die Anmut lieb
Uns macht, und lieber, weil geheim es blieb.

Schatten der Schönheit, der du ringsum weihst
    Mit deinen Farben die Gestalt, den Sinn,
    Worauf du fällst, – wo bist du hin?
Warum ging nur aus diesem Land dein Geist
Und ließ dies Tränental so leer und so verwaist?
    Frag, warum webt die Sonne nicht
    Für immer Regenbogenlicht?
Frag, warum alles floh, das einst erschien.
    Frag, warum Tod, Geburt und Traum
    Nur Dunkelheit in unserm Raum
    Verstreun – warum nur dieses Sehnen
Nach Liebe, Freude, Hoffnungen und Tränen.

Nie kam die Stimme aus den höhern Sphären
    Mit einer Antwort an die weisen Dichter –
    So bleiben Geister, Himmel, Weltenrichter
Nur Namen für vergebliches Erklären –
Nur schwache Zaubersprüche, die imstand nicht wären,
    Zu deuten, was man fühlt und tut
    Aus Zweifel, Zufall, Wankelmut.
Dein Schatten nur, wie Dunst am Berg, macht lichter,
    Wie Musik, die im Nachtwind weht
    Und lautlos in den Lüften steht,
    Wie Mondlicht auf des Baches Saum
Bringt Wahrheit, Anmut in des Lebens wirren Traum.

Wie Wolken fliehen Hoffnung, Würde, Liebe,
   Sie bleiben nur auf ungewisse Zeit. –
   Der Mensch wär stark, besäß Unsterblichkeit,
Wenn der erhabne Geist nur in ihm bliebe
Und in sein Herz den edlen Zug einschriebe.
   Du Spender aller Sympathien,
   Die durch der Liebe Augen ziehn,
Der du des Dichters Geist bist Brot und Kleid
   Wie Dunkel dem vergehnden Licht –
   Bleib bei mir und verlaß mich nicht!
   Bleib bei mir! – daß das Grab nicht werde
Wie Furcht und Leben düstere Beschwerde.

Als Knabe suchte ich Gespenster, lief
   Voll Angst durch Kammern, Kirchen und Ruinen
   Und Wälder, still im Sternenlicht, mit ihnen
Gespräch zu führen aus den Gräbern tief.
Auf all die falschen Namen, die ich rief,
   Kam keine Antwort – ich sah keinen –
   So sann ich tief und im geheimen
Dem Leben nach, so wie es mir erschienen,
   Und wie die Winde unverdrossen
   Vom Blühen sprachen und vom Sprossen –
   Da kam dein Schatten über mich;
Ich schrie und schlug die Hände über mich.

Ich schwor, dir sollte meine Kraft gehören –
    Und hab ich nicht gehalten diesen Eid?
    In Tränen, bebend, bin ich nun bereit,
Die Geister all der Stunden zu beschwören
Aus ihrer stummen Grabesstatt, die voll Betören,
    Voller Eifer oder Liebesmacht
    Mit mir durchwacht die blasse Nacht,
Zu sagen, daß nie glänzt auf meiner Stirne Freud,
    Fehlt mir die Hoffnung, du machst frei
    Die Welt von finstrer Sklaverei,
    Daß du, o ehrwürdige Schöne,
Uns gibst, was ich nicht fassen kann in Töne.

So, wie nach Mittag geht mit heitrem Wesen
    Und ernster jeder Tag, wie Gleichklang schwingt
    Im Herbst und Schimmer durch den Himmel dringt,
Der in dem Sommer nie zu sehn gewesen,
Als könnts nicht sein – als wär es nie gewesen –
    Bewirke, daß dein Schatten, der wie Wahrheit
    Auf meine Jugend fiel mit Klarheit,
Nun Farbe in mein Leben bringt,
    Ins Leben eines, der dich tief verehrt,
    In allem deine Nähe spürt,
    Den du durch Zauberkraft getrieben,
Sich selbst zu fürchten und die Welt zu lieben.

Mont Blanc

I

Des Menschen Geist durchziehn voll Kraft die Wellen
Des Alls der Dinge in gewaltigem Fließen,
Bald schwarz, bald heiter und bald dunkel wild,
Bald strahlend weiß, und aus geheimen Quellen
Zollt Urgrund allen Denkens seinen hellen
Tribut in Tönen, die nur halb sein eigen,
Dem kleinen Bach gleich, der noch säuselt mild
In dichten Wäldern, wo die Berge steigen,
Wo Wasserfälle rauschend um ihn sind,
Wo mit den hohen Wäldern kämpft der Wind
Und Ströme über Felsen sich ergießen.

II

So bist du, dunkle, tiefe Arve-Schlucht,
Du Tal der Farbenfülle, Tal der Stimmen
Mit Föhren, Felsen, Höhlen – drüber schwimmen
Die Schatten schneller Wolken auf der Flucht.
Wo Kraft – Gestalt der Arve – niederschäumt
Von ihrem Gletscherthrone, eisumsäumt,
Jäh durch die Berge brechend wie die Flammen
Des Blitzes durch den Sturm – so ist dein Bild.
Es klammern sich an dich die Riesenföhren,
Der Urzeit Kinder und besucht von Lüften,
Die fessellos, so wie sie immer kamen,
Den Duft zu trinken und ihr Lied zu hören –
Erhabne Harmonie, von Klang erfüllt;
Und irdisch überspannt dein Regenbogen

Den Wasserfall im Dunst; sein Flor verbirgt
Ein Bild, an dem kein Meißel je gewirkt:
Den Schlaf, der, wenn die Stimmen nicht mehr wogen,
In seine tiefe Ewigkeit dich hüllt;
Der Arve Aufruhr dröhnt in deinen Grüften,
Daß andre Töne dort zum Schweigen kamen;
Und ewig regt es sich in deinen Klüften,
Du bist der Pfad dem ruhelosen Laut –
O schwindelerregende Schlucht, ich schaue dich
Und scheine in erhabne Trance zu fallen,
In meine eigne Phantasie blick ich,
In meinen eignen Menschengeist, der sich
Den raschen Bildern öffnet, sie empfängt
Und unablässig Austausch pflegt mit allen
Den klaren Dingen, die er rings erschaut;
Ein wilder Schwarm Ideen schweift und drängt
Sich durch das Dunkel vorwärts ohne Rast,
Ruht erst, wo er kein ungebetner Gast,
Bei Poesie in ihrer stillen Höhle,
Sucht unter Schatten, die vorüberziehn,
Der Dinge Abglanz, Spuren deiner Seele;
Bis dann die Brust, aus der sie flohn in Hast,
Sie zu sich ruft: denn dort bist du!

III

Man sagt, daß Schimmer einer fernern Welt
In Schlaf und Tod die Seele mit Gestalten
Erfüllt und daß in größrer Zahl sie walten
Als Lebender Ideen. – Ich schau um mich:
Ob eine unbekannte Allmacht hält
Des Todes Schleier? oder liege ich
Im Traum und schlägt des Schlafes starker Bann

Den weiten, keinem zugänglichen Kreis?
Denn selbst der Geist versagt, er wird getrieben,
Gleich heimatloser Wolke in der Klamm,
Den Stürmen ausgesetzt, die bergwärts stieben!
Weit, weit dort oben in den Himmel reckt sich
Mont Blanc, reglos und schneebedeckt und licht –
Ein Wall ihm untertaner Berge türmt
Sich um ihn, Eis und Fels; gefrorner Gischt
In breiten Tälern, unermeßne Tiefen,
So wie der Himmel blau, die sich gewunden
Hinziehen zwischen schroffen Felsenriffen;
In dieser Ödnis haust des Sturmes Meute,
Und nur der Adler bringt zum Horst die Beute,
Verfolgt vom Wolf – wie roh und kahl und weiß
Häuft sich ringsum der Fels, so drohend, schrecklich,
Gespenstisch und zerschrunden. War's hier nicht,
Wo einst der Erdgeist lehrte seine Jungen
Zerstörung? War's ihr Spielplatz? War's ein Meer
Von Feuer, das den stillen Schnee umfangen?
Zu einer Antwort wird kein Mensch gelangen.
Die Wildnis spricht mit zauberischen Zungen,
Nährt schlimme Zweifel, lehrt auch sanften, schönen,
Erhabnen Glauben, daß wir immer mehr
Durch ihn allein uns der Natur versöhnen.
O großer Berg, laß deine Stimme schallen
Und heb auf das Gesetz von List und Leid,
Sprich zu den Guten, Weisen allezeit,
Wenn du auch nicht verstanden wirst von allen.

Die Fluren, Seen, Ströme und die Bäume,
Das Meer und alles, was sich unserm Blick
Auf dieser Erde bietet; Blitz und Regen,
Die Stürme, Beben, die das Land bewegen;
Des Winters Starre, wenn die schwachen Träume
Verborgnen Keim besuchen, wenn die Frucht
Der Zukunft ist vom Schlaf gebannt – der Schwung,
Wie alles wieder aufzuspringen sucht;
Des Menschen Weg und Werk, Geburt, Vergehen
Und alles, was er ist, was er erhält:
Mit Müh und Lärm entsteht es, ist erst jung,
Wird alt, verebbt, kehrt in den Schoß zurück.
Es ruht die Kraft in sich, in ihrer Welt
Der Stille, fern, unnahbar und gelassen.
Es lehrt dies nackte Erdenantlitz sehen,
Dies urzeitliche Bergmassiv, den Sinn,
Der sehen will. Der Gletscher, auf der Flucht
Vom fernen Quell, kriecht wie die Schlange hin,
Auf Beute lauernd; Sonne, Frost und Stürme,
Sterbliche Macht verachtend, formen überall
Den Stein zu Pyramiden, Kuppeln, Zinnen,
Unüberwindlich liegen hinterm Eiseswall
Des Todes Stadt und ihre vielen Türme.
Doch nicht die Stadt, nur Trümmer sind zu sehen,
Die sich weg von des Himmels Grenze wälzen
In stetem Strom; die hohen Föhren stehen
Dort astlos in dem aufgewühlten Grund,
Geborstne Stämme ragen auf im Graben,
Denn Brocken aus der fernsten Ödnis haben
Gesprengt die Grenzen zwischen Tod und Leben.
Unwiderruflich ist zerstört die Heimstatt
Von Vögeln, Käfern, wilden Tieren und

*Francis Towne, Die Arveyronquelle mit dem Mont Blanc
im Hintergrund, 1781. Aquarell über Federstich*

Dahin die Nahrung, um den Leib zu laben,
Verloren Freud und Leben; der Mensch hat
Die Flucht ergriffen, angsterfüllt; sein Werk,
Sein Haus vergangen wie der Rauch im Wind,
Und niemand kennt jetzt mehr die Stätte. Helle
Erleuchtet weite Höhlen von geschwind
Aus Schründen quellendem Wasser, das vom Berg
Ins Tal zu einem stolzen Strome schießt,
Voll Atems ferner Länder, und ergießt
Sich rauschend in das Meer, und Well auf Welle
Veratmet er die Dünste in die Luft.

v

Dort oben glänzt Mont Blanc: die Kraft, sie ruht,
Die stille hehre Kraft, die manches Bild
Und manchen Laut hat in sich aufgesogen.
In Nächten ohne Mond und dunkel-mild,
Im grellen Licht des Tages fällt der Schnee
Auf diesen Berg. Und niemand sieht die Glut
Der Flocken, wenn die Abendsonne sinkt,
Auch nicht den Pfeil des Sternstrahls durch den Schnee.
Die Winde kommen stumm herbeigeflogen,
Mit starkem Atem Schnee zu häufen. Dort
Verweilt der stumme Blitz in Einsamkeit
Und Unschuld, und er überlagert weit
Wie Dunst den Schnee. Geheime Kraft der Dinge
Wohnt ganz in dir, sie wirkt im Denken fort,
Und ihr Gesetz beherrscht den Himmel fern.
Was wärst du, was wär Erde, Meer und Stern,
Wenn nicht des Menschen Phantasie empfinge
Die Einsamkeit, des Schweigens Kern.

23. Juli 1816

Ozymandias

Ein Mann berichtete aus mythischem Land:
Zwei Riesenbeine, rumpflos, steingehauen
Stehn in der Wüste. Nahebei im Sand
Zertrümmert, halbversunken, liegt mit rauhen
Lippen voll Hohn ein Antlitz macht-gewöhnt,
Voll Leidenschaften, die bestehn; es sagt:
Der Bildner, der es prägte, wußte dies,
Wess Herz und Hand sie speiste und verhöhnt.

Und auf dem Sockel eingemeißelt lies:
»Ich bin Ozymandias, Herr der Herrn.
Schaut, was ich schuf, ihr Mächtigen, und verzagt!«
Nichts bleibt. Um den Verfall her riesengroß
Des mächtigen Steinwracks öd und grenzenlos
Dehnt sich die leere Wüste nah und fern.

Sonett:
›Heb den bemalten Schleier nicht‹

Heb den bemalten Schleier nicht, der Lebenden
Das Leben ist: Wenn Schemen auch gemalt
Darauf und Täuschung alles, was wir wähnen
Mit eitel Farb bedeckt – im Hinterhalt
Sind Furcht und Hoffnung, Zwillingswesen, webend
Am Abgrund ihre Schatten, blind und fahl.
Ich kannte einen, der ihn hob – er suchte,
Denn sein verlornes Herz war zärtlich, Liebe,
Er fand sie nicht. Ach, da war, was er brauchte,
Und was die Welt enthält, nicht, kein Besitz!

138

Hinfort ging er durch der Sorglosen Mitte,
Ein Leuchten unter Schatten, schimmernd Punkt
Auf dieser düstern Szene, Geist, den trieb
Die Wahrheit wie den Prediger: Sie ward nicht kund.

In Niedergeschlagenheit bei Neapel

Die Sonne glüht, die starke See
Tanzt her mit himmlischem Gesicht,
Auf blauen Inseln, hohem Schnee
Ruht Mittag schichtend Licht auf Licht.
Die Erde dampft und schüttet Licht
Auf aller Pflanzen reines Kleid:
Wie aus viel Stimmen Eines spricht,
Umtönt mich Vogel, Wind und schreit
Herüber selbst die Stadt so sanft wie Einsamkeit.

Ich seh zum unbetretnen Grund,
Wo Grün und Purpur sich verschlingt.
Land küßt der obern Welle Mund,
Daß sie in Sternenschauern springt.
Ich sitz im Sande, fließend winkt
Das mittägliche Mittelmeer,
Gemessene Bewegung schwingt
Mir ihren guten Klang hierher –
Daß ich ihn nicht allein vernähme, wünscht ich sehr.
Gesundheit flieht mich, ruhig nicht
Kann Körper oder Seele sein,
Auch dieses glückliche Gesicht
Des Sinnenden, der heilige Schein
Und Ruhm des Innern, ist nicht mein.

139

Nicht Liebes Lust noch Lust der Macht:
Rings haben viele viel und schrein,
Man lebe, daß man herrscht und lacht –
Mir wurde wohl ein andrer Kelch gereicht zur Nacht.

Doch hier ist auch Verzweiflung leis
Und gleicht den Wellen und dem Wind.
Ich könnte mich und all mein Leid
Hinlegen wie ein müdes Kind,
Das alles trug, gehorchend blind,
Bis Tod kommt an des Schlummers Ort
Und mir in warmer Luft gerinnt
Die Wange – Wassers Takt und Wort
Rauscht über mein ersterbend Hirn eintönig fort.

Wohl manche zürnen, ich sei kalt,
Daß ich in schöner Stunde klag
Und daß mein Herz, zu frühe alt,
Im Lichte schlägt verlornen Schlag.
O zürnt nur. Ich bin der: Mich mag
Der Mensch nicht doch bedauert mich.
Und gar nicht gleich in diesem Tag,
Der ausgenossen – königlich
Doch im Gedächtnis bleibt,
auch wenn er längst erblich.

An Englands Männer

Briten, wollt für die ihr pflügen,
welche unters Joch euch biegen?
Warum webet eure Hand
der Tyrannen Prachtgewand?

Warum wollt ihr ewig fronen
für die undankbaren Drohnen,
die von eurem Schweiße zehren
und von eurem Blut sich nähren?

Bienen Englands, warum schaffen
wollt ihr Ketten, Geißeln, Waffen,
daß die stachellosen Drohnen
euren Schweiß mit Schmach nur lohnen?

Habt ihr Obdach, Rast und Kost,
häuslich Glück und Liebestrost?
Oder welches teure Gut
kaufet ihr mit Schweiß und Blut?

Ihr säet Korn – dem Herren sprießt es;
ihr sammelt Gold – der Herr genießt es;
ihr schafft das Kleid, das andre tragen;
die Waffen, womit andre schlagen.

Sät – doch nicht für Herrenscheuern,
spart – nicht, daß der Herr kann feiern,
webt – nicht zu der Trägen Nutz,
Waffen schweißt – zu eurem Schutz.

In Kellern, Höhlen suchet Rast;
für andere baut ihr den Palast.

Ihr flucht der selbstgeschaffnen Not?
Der Stahl, den *ihr* geschmiedet, droht.

Mit Hack und Webstuhl kommt zu Hauf,
grabt euch das Grab, den Stein stellt auf,
und euer Leichenlaken webt,
bis England sich als Grab erhebt!

Philosophie der Liebe

I

Zum Flusse einen sich die Quellen,
   Auf daß im Meer der Strom sich finde,
Und immerdar in süßen Wellen
   Vermischen sich des Himmels Winde;
Nichts in dieser Welt ist einsam;
   Göttliches Gesetz herrscht hier,
Alles ist im Geist gemeinsam.
   Warum denn nicht wir?

II

Sieh den Berg den Himmel küssen.
   Es umfangen sich die Wogen;
Die Blume würd es büßen müssen,
   Wär sie dem Bruder nicht gewogen.
Der Strahl des Mondes küßt das Meer,
   Die Erde atmet Sonnenlicht:

All diese Süße wäre leer,
Küßtest du mich nicht.

Ode an den Westwind

Du wilder Westwind! Gelb und fleckig rot
Und schwarz und fahl trägst du das Laub herab
Wie pestgehäuft, ein unsichtbarer Tod:
So fliehen Geister vor des Zaubrers Stab ...
Du Herbsteshauch! Du führst in stolzem Schwung
Beschwingte Keime in ihr Wintergrab,
In tiefe kalte dunkle Dämmerung,
Daß sie wie Leichen ruhn in ihrer Gruft –
Bis deine blaue Schwester, frühlingsjung,
Hell aus dem Traum sie bläst und an die Luft
Als Knospen treibt (wie man die Herden führt)
Und Hang und Flur mit Farbe füllt und Duft:
Du wilder Geist, der sich in allem rührt,
Zerstörer und Erhalter, hör, o hör!

Du, bei dess' Strom die lockern Wolken droben
In Meers und Himmels wirrverzweigtem Raum
Wie welkes Laub durch jähe Lüfte toben,
Des Ungewitters Boten: wild mit Schaum
Krönt deiner blauen Brandung luftigen Gang
Aufsteigend rings vom fernsten trüben Saum
Bis zum Zenith – wie ihren Weg entlang
Mänaden wild umfliegt des Haares Pracht –
Gelock des nahen Sturms! Du Grabgesang
Des todgeweihten Jahrs, dem du heut Nacht
Aufs weite Grab die Kuppel wölben wirst

Mit deiner Dünste dichtgedrängter Macht,
Aus deren schwangrer Luft dann Feuer birst
Und schwarze Flut und Hagel: hör, o hör!

Der du das blaue Mittelmeer geweckt,
Das bei kristallnem, leisem Wellenschlag
An einer Bimssteininsel hingestreckt
Vor Bajäs Strand in Sommerträumen lag
Und alte Türme und Paläste sah,
Erzitternd in der Fluten grellerem Tag –
Und lichtes Moos und Blüten waren da,
So süß, wie, ach, kein Maler sie erreicht!
Des Meers Gewalten, ist dein Sturmflug nah,
Tun sich zu Schlünden auf und schaudernd weicht
Der schlammige Wald, der da im Abgrund tief
Ein saftlos Blattwerk treibt, und jäh erbleicht
Der schwache Tang, wann deine Stimme rief,
Wird grau vor Schrecken und zerreißt – o hör!

Wär ich ein Blatt, in deinem Wirbel wehend,
Wär ich die Wolke und im Fluge dein,
Wär ich die Woge, unter dir vergehend,
Und tränke deine Kraft, von dir allein
Beherrscht, du Ungebärdiger! Ja, wär
Ich noch wie einst, und könnte bei dir sein
Auf deiner Himmelswanderung (nicht schwer
Erschiens dem Kinde, deinem hohen Pfad
Voran zu sein!) dann wär ich nimmermehr
In Ängsten flehend dir wie jetzt genaht!
Als Wolke trag, als Blatt mich immerzu!
Von Dornen blut ich, drauf ich irrend trat . . .
Der Stunden träge Fessel zwingt zur Ruh
Einen, der brausen, stürmen will wie du!

Mach wie den Wald auch mich zu deiner Leier –
Und sinkt sein Laub, entführ auch meines bald,
Daß auch von mir bei deiner wilden Feier
Aus wirrem Tonsturm tief ein Herbstklang schallt,
Süß, doch voll Wehmut. Sei, du stolzer Geist,
Mein Geist! Sei ich, du brausende Gewalt!
Wie nahem Frühling welkes Laub du weihst,
Trag meine Grabgedanken durch das Land
Und mit dem Lied, das deine Kühnheit preist,
Trag meine Worte – wie aus letztem Brand
Noch Glut und Funken – freudig in die Runde!
Und jedem Herzen, dem der Mut entschwand,
Gib mit Posaunenschall von mir die Kunde:
Wenn Winter kommt, ist fern des Frühlings Stunde?

Die Wolke

Ich erfrische mit Schauern der Blumen Trauern,
Von den Strömen, vom Meer;
Breite bergende Schatten, wenn die Blätter ermatten
In ihrem Mittagstraum schwer.
Meine Flügel versprühen Tautropfen, die glühen
Auf allen Knospen im Kranz,
Die sich wiegen voll Lust an der Mutter Brust,
Schlingt sie um die Sonne den Tanz.
Mein Flegel schwingt, daß der Hagel springt,
Färbt weiß der Eb'nen Grün,
Ihn auflösend wieder send' ich Regen nieder,
Zieh' lachend im Donner dahin.

Ich siehe Schnee auf der Berge Höh',
Riesentannen stöhnen erschreckt.
Mein Kissen zur Nacht ist aus Flocken gemacht,
Drauf ich schlafe, bis Sturm mich weckt.
Zuhöchst auf der Spitze meiner wolkigen Sitze
Der Blitz, mein Lenker, thront.
In Höhlen gebunden der Donner geschunden
Mit Stöhnen und Heulen front.
Über Land und Meer, durch den Luftraum leer
Mein Lenker leitet mich gut,
Von der Liebe gezogen zu den Geistern, die wogen
In der Tiefe der purpurnen Flut;
Über Bäche und Rillen, die Klippen die vielen,
Über den See und die Flur,
Wo immer er wähnt, von den Geistern ersehnt,
Zu finden die leiseste Spur.
Während ich mich hinbreite in Sonne und Weite,
Löst er sich in Regen nur.

Die blutrote Sonne, aufsteigend voll Wonne,
Das Gefieder aus Gluten gemischt,
Springt mir auf den Rücken, meine Segel zu schmücken,
Wenn der Morgenstern erlischt.
Wie auf Felsenschroffen, dem Himmel nur offen,
Die ein Erdstoß schwingt und wiegt,
Ein Adler mag sitzen, als Thron sie zu nützen,
Gold ihm auf den Schwingen liegt.
Wenn die Sonne im Sinken vom Meer will trinken
Ihrer glühenden Liebe Fest
Und ein Rosenschein, wie ein Bahrtuch rein
Vom Himmel sich niederläßt,
Dann falt' ich die Flügel und ruhe am Hügel
Wie brütende Taube im Nest.

Der silberne Geist, den Mond man heißt,
Wenn er über Sterblichen schwebt,
Will schimmernd im Gleiten mein Vließ beschreiten,
Das die Mitternachtswinde gewebt;
Und wo immer sein Schritt mit zartestem Tritt,
Nur vernehmbar der Engel Ohr,
Hat zerrissen das Dach meinem luft'gen Gemach,
Da spähen die Sterne hervor.
Und ich lache zu seh'n, wie sie wirbeln und weh'n
Gleich gold'nem Bienenschwarm dicht,
Und erweit're den Riß, wo das Zelt mir zerschliß,
Bis Flüsse und Seen licht
Wie Streifen vom Himmel mit der Sterne Gewimmel
Nun spiegeln des Mondes Gesicht.

Dem Sonnenthrone bind' ich feurige Zone,
Dem Mond einen Perlenkranz.
Selbst die Glut der Vulkane verhüllt meine Fahne,
Die die Stürme entfalten zum Tanz.
Von Land zu Land wird die Brücke gespannt
Über strudelndes Meeer geschwind,
Keine Sonne versengt, wo mein Dach aufgehängt,
Dessen Säulen die Berge sind.
Aus dem herrlichsten Tor geh' ich siegend hervor
Mit Wirbelsturm, Feuer und Schnee,
Wenn die Mächte der Luft meine Stimme aufruft
Und der Bogen sich wölbt in der Höh'.
Aus Farben gewoben ist das Feuer dort oben,
Und drunten glänzt Land und See.

Von der Erde geboren, vom Wasser erkoren
Und verschwistert den himmlischen Höh'n,
So dring ich herfür aus des Abgrunds Tür,
Mich zu wandeln, doch nie zu vergehn.

John Constable, Wolkenstudie in Hampstead, 1821.
Öl auf Papier und Holz

Wenn der Regen vorbei, dann ersteht wohl neu
Ohne Flecken des Himmels Zelt,
Und Winde und Strahlen errichten die Hallen
Zum herrlichsten Dome der Welt.
Doch ich lächle nur still, daß mein Grab dies sein will,
Und leicht aus den Höhlen versteckt,
Wind' ich wieder mich los wie ein Kind aus dem Schoß,
Wie ein Geist aus dem Grabe erweckt.

An eine Lerche

Heil dir holder Geist!
Vogel warst du nie,
Dem Himmel nah zumeist
Gießt in Melodie
Dein Herz du aus, formst Strophen kunstvoll sonder Müh'.

Wie du hoch und höher
Auf vom Grund dich schwingst,
Bist du lodernd Feuer;
Tief ins Blau du dringst
Und singest noch im Steigen und steigest, wie du singst.

Wenn das goldne Blitzen
Letzten Lichts verrinnt,
Hell durch Wolkenritzen,
Fliehst du mit dem Wind,
Dem Geist gleich, unverkörpert, der erst den Lauf beginnt.

Blasser Purpurschimmer
Des Abends hüllt dich ein.

Und wie Sternes Flimmer
Bleicht im Morgenschein,
So wirst du unsichtbar, nur Töne scharf und rein

Dringen her wie Pfeile
Von des Sternes Ort,
Dämmrung nahm in Eile
Seine Strahlen fort,
Bis wir ihn kaum noch sehn, nur fühlen, er ist dort.

Durch die Räume weit
Sich dein Sang ergießt,
Wie zu nächt'ger Zeit
Wolke sich erschließt,
Und von des Mondes Licht der Himmel überfließt.

Nichts wir von dir wissen,
Was ist, das dir gleicht?
Vom Regenbogen fließen
Tropfen nicht so leicht,
Wie du herniederregnest Töne unerreicht.

Gleichst du dem Poeten,
Der im hellen Licht
Des Geistes, ungebeten,
Der Welt singt sein Gedicht,
Ihr aufzwingt Furcht und Hoffnung, die sie geachtet nicht?

Gleichst du hochgeborner
Jungfrau im Palast,
Tief in Lieb' verlorner,
Die der Seele Last
Besänftigt mit Musik, süß wie die Liebe fast?

Gleichst du Glühwurms Leuchten
In tau'ger Büsche Kranz
Streuend auf die feuchten
Blüten zarten Glanz,
Versteckt in Laub und Gras, die ihn umhüllen ganz?

Gleichst du späten Rosen
Still im warmen Hauch?
Wind nimmt ihre losen
Blätter, bis der Rauch
Des süßen Dufts betäubt des Räubers Schwingen auch.

Klang von Frühlingsgüssen,
Tropfen blank und klar
Auf den Blumenwiesen,
Alles was je war
Fröhlich und rein und frisch in deinem Lied wird wahr.

Lehr uns, kühner Geist
Die Gedanken dein:
Niemand ist, der preist
Liebe oder Wein
Und göttliches Entzücken strömt so stark und rein.

Hochzeitlicher Chor
Und Triumphgesang,
Nicht zu dir empor
Reicht ihr eitler Klang,
Geheimen Mangel fühlt man noch im Überschwang.

Wo sind nur die Quellen
Solcher Seligkeit?
Berge, Felder, Wellen,

Wolken, Ebnen, weit?
Liebst du die Deinen so? und weißt du nichts von Leid?

Schlaffheit hemmt dir nie
Heller Freude Fluß,
Schatten schon der Müh'
Vor dir weichen muß.
Du liebst und kennst doch nicht der Liebe Überdruß.

Wachend und im Traum
Weißt vom Tode du
Dinge, die wir kaum
Sehn im letzten Nu.
Wie strömte sonst dein Lied in so kristallner Ruh'?

Wir schauen vor, zurück,
Ersehnen, was nicht ist:
Unser reinstes Glück
Noch Bitterkeit umschließt,
Am süßesten das Lied, drin tiefste Trauer fließt.

Wenn wir auch nicht erkoren
Haß und Stolz und Streit,
Auch wären nicht geboren
Zu Tränen gleich bereit,
Wir hätten dennoch nichts, wie deine Seligkeit.

Mehr als Reim und Maß
Holder Klänge Bund,
Verse, die ich las,
Großer Dichter Fund,
Befeuert mich dein Lied, wie du dich hebst vom Grund.

Halb nur die Beglückung
Gib, die glüht in dir,
Trunkene Verzückung
Strömte dann aus mir,
Die Menschen lauschten so, wie ich jetzt lausche hier.

Freiheit

I

Die feurigen Berge rufen einander,
   Ihr Donner hallt wider von Zone zu Zone;
Die stürmischen Meere wecken einander,
   Und Eisberge bersten an Winters Thron
    Bei des Sturmwinds Posaunenton.

II

Der Blitz bricht aus einem Wolkenfetzen,
   Beleuchtet tausend Inseln rings, und
Das Erdbeben wütet – in Staub und Entsetzen
   Eine Stadt versinkt, es erbebt der Grund
    Von der Tiefe grollendem Mund.

III

Doch ist heller dein Blick als des Blitzes Schein,
   Und schnell wie dein Schritt ist des Bebens Gang nicht;
Des Meeres Gebrüll übertönst du; allein

Dein Starren verhängt der Vulkane Gesicht;
 Und die Sonne ist nur ein Irrlicht.

IV

Von Woge und Berg und des Rauches Wolke
 Bricht deine Sonne sich ihre Bahn;
Von Geist zu Geist geht sie um im Volke,
 In Stadt und Dorf bricht dein Tag nun an –
Und Tyrannen und Sklaven sind Schatten der Nacht
 In dem Lichte, das du gebracht.

Die Toten

Sie sterben – und die Toten kehren nimmer!
Der Schmerz, sie zählend, sitzt an offner Gruft,
ein Jüngling Greis, getrübt des Auges Schimmer; –
wes sind die Namen, die er klagend ruft?
Die Namen sind's der heimgegangnen Lieben;
tot sind sie all', nur ihre Namen blieben.
Dies trauervolle Bild der Pein,
die Gräber, blieben dir allein.

O Schmerz, mein liebster Freund, nicht länger weine!
Du willst nicht Trost – ach, wundern kann's mich nicht!
Denn hier mit ihnen hast dem Abendscheine
du zugeschaut, und alles war so licht
und friedlich still wie jetzt, doch schnell entwichen –
nun ist dein Hoffen tot, dein Haar erblichen;

dies trauervolle Bild der Pein,
die Gräber, bleiben dir allein.

An die Nacht

I

Gleite schnell über's westliche Meer,
Genius der Nacht!
Aus dunst'ger Höhle des Ostens her,
Wo du zu des Taglichts langer Wacht
Aus Lust und Furcht den Traum gewebt,
Der süß und schrecklich dich umschwebt –
Eile mit Macht!

II

Hülle dich ein in den Mantel grau
Sternübersät!
Decke dem Tag auf die Augen blau
Dein Haar, und küß' ihn, bis müd' er geht;
Dann wandre hin über Meer und Land,
Rühr' alles an mit einschläfernder Hand –
Komm, langerfleht!

III

Als ich erwacht' und der Morgen kam,
Seufzt' ich nach Dir;

Als die Sonne stieg und den Tau wegnahm,
Und der Mittag schwer lag über mir,
Und der müde Tag sich wandte zur Rast,
Zögernd wie ein lästiger Gast,
Seufzt' ich nach Dir!

IV

Dein Bruder Tod kam und rief,
»Willst du mich?«
Dein süß Kind Schlaf, sein Aug' schleiernd tief,
Wie Mittags Biene umflüsterte mich,
»Soll ich mich schmiegen zur Seite dir?
Willst du mich?« – Ich sprach zu ihr,
»Nein, nicht dich?«

V

Der Tod wird kommen, wenn du tot bist
Bald, zu bald. –
Schlaf wird kommen, wenn Du entfliehst.
Drum geb' ich mich in keines Gewalt
Und ruf' nur dich, geliebte Nacht –
Eile mir zu mit ganzer Macht,
Komm bald, bald!

An –.

Wenn die sanften Stimmen schweigen,
Bleibt Musik mir noch zu eigen.
Welk schon, hüllt der Veilchen Duft
Sinne ein mit süßer Luft.

Ist tot die Rose, wird ihr Blatt
Der Liebsten eine Lagerstatt.
Bist fort du, soll sich auf dein Denken
Die Liebe selbst zum Schlummer senken.

Zeilen: Ist die Lampe zerschlagen

I

Ist die Lampe zerschlagen
Liegt im Staub tot das Licht –
Ist die Wolke fortgetragen
Glänzt der Regenbogen nicht.
Ist die Laute zerbrochen
Weiß süßen Klang keiner mehr
Haben die Lippen gesprochen
Sind geliebte Worte bald leer.

II

Wie Klang und Glänzen
Nicht überdauern Lampe und Laute
Werfen des Herzens Grenzen

Echo nicht, wenn der Geist nichts schaute:
   Kein Lied als das Klagen
Wie Wind durch verfallene Mauern
   Oder die Wogen, die schlagen
Des Ertrunkenen Grabglocke trauernd.

III

   Sind Herzen vereint gewesen
Verläßt zuerst Liebe das Nest;
   Das Schwache ist ausgelesen
Zu tragen des Einstigen Rest.
   O Liebe! die du klagest
Wie zerbrechlich ist alles hier –
   Was nahmst du als Heim, Wiege, Bahre
Das Zerbrechlichste dir?

IV

   Seine Leidenschaft wird dich schütteln
Wie Stürme die Raben im Baum;
   Klarer Verstand wird dich rütteln
Voll Hohn, wie Eissonnen im Traum.
   Von deinem Nest jeder Sparren
Wird verrotten, dein Adlerheim
   Wird dich nackt zum Gelächter narren
Wenn im Winter der Wind fällt ein.

JOHN KEATS

›O Einsamkeit, muß ich mich
dir gesellen‹

O Einsamkeit, muß ich mich dir gesellen,
Soll es kein Haufe düstrer Häuser sein,
Der uns umwirrt. Nein, auf zum schroffen Stein!
Will ich zur Warte der Natur mich stellen!
Wo Tal und Blumenhang und Stromeswellen
Spannlang erscheint, da will ich dir mich weihn
Im Blätterdach, wo schnellen Sprungs im Hain
Das Wild die Biene scheucht aus Blumenzellen!
Doch möchte ich auch gern so mit dir ziehn,
So ist Verkehr mit einem hohen Geist,
Wenn jedes Wort ein edel Denken weist,
Mir doch des Herzens Lust; und immer schien,
Daß man mit Recht als höchstes Glück es preist,
Wenn zwei verwandte Geister zu dir fliehn.

›Wer allzu lang in Städte eingeschlossen‹

Wer allzu lang in Städte eingeschlossen,
Der schaut mit Lust ins Himmelsangesicht,
Bis ein Gebet zum lächelnd frohen Licht
Des blauen Firmaments emporgeflossen.
Der hat kein volles, heitres Glück genossen,
Wer in dem dichten Gras ermüdet nicht
Sich niederläßt und liest dann ein Gedicht,
In das sich Lieb und Sehnsucht sanft ergossen.
Und abends bei der Heimkehr klingt im Ohr
Das Lied der Philomele ihm, er schaut
Zum Lauf der klaren Wölkchen still empor,

Und klagt, daß ihm so schnell der Tag vergraut,
Wie eine Engelsträne sich verlor,
Die durch den klaren, stillen Äther taut.

Auf Chapmans Homer

Durch manches goldne Reich bin ich gedrungen,
Und stolze Staaten wurden mir zum Ziel,
Um viele Inseln wagte sich mein Kiel,
Wo Barden, stets Apollo treu, gesungen.
Doch war mir nie das Land zu sehn gelungen,
Das in Homers, des ernsten, Herrschaft fiel,
Nie atmet' ich der reinen Lüfte Spiel,
Eh Chapmans kühne Sprache mir erklungen.
Da fühlt' ich wie der Forscher auf der Warte,
Schwimmt in den Horizont ein neuer Stern,
Wie Cortez, da sein Adlerauge fern
Zum stillen Ozean blickt, die Mannschaft harrte
In wildes Schweigen staunend tief versenkt
Auf Dariens Felsenhöhen dicht gedrängt.

Meinen Brüdern

Geschäftige Flämmchen spielen auf den Kohlen,
Ihr schwaches Knistern schleicht auf unser Schweigen,
Hausgöttern wispert's gleich, wie uns zu zeigen,
Daß ihnen Bruderseelen anempfohlen.
Und forsch' nach Reimen ich bis zu den Polen,

Scheint euren Blicken, die im Traum sich neigen,
Beredt und tief die Kunde aufzusteigen,
Aus der wir abendlichen Trost uns holen.
Heut, Tom, ist dein Geburtstag, und mich freut,
Daß er so sanft, so ruhig durft' verfließen;
Oft sei der Abend flüsternd uns erneut,
Wo wir der Welt wahrhaftige Lust genießen;
Bis unserm Geist der große Ruf gebeut,
Ihr schönes Antlitz niemals mehr zu grüßen.

Die Grille und das Heimchen

Der Erde Poesie wird nimmer schweigen.
Denn bergen sich die Vögel in der Kühle
Vor Sonnenglut, so hört man durch die Schwüle
Aus duftigen Matten eine Stimme steigen.
Das ist die Grille, und sie führt den Reigen
Der Sommerlust, und nie kommt sie zum Ziele
Mit ihren Freuden; ist sie matt vom Spiele,
Wird ihr der Halm zu süßer Rast sich neigen.
Die Poesie der Erde endet nimmer.
Am langen Winterabend, wenn gefroren,
Zu schweigen alles scheint, tönt Heimchens Sang
Vom Herde her und wächst im warmen Schimmer:
Er scheint für ihn, der halb im Schlaf verloren,
Der Grille Stimme von dem Rasenhang.

Widmung an Leigh Hunt

Wie schwanden Glanz und Schönheit unsern Blicken!
Denn wandern wir hinaus im Morgenschein,
So steigt kein Weihrauch kräuselnd mehr vom Hain,
Um seinen Gruß dem frohen Tag zu schicken;
Und keine jungen, muntern Nymphen pflücken
In Weidenkörben Ähren, die sie weihn,
Und Rosen, Veilchen, Nelken, um im Mai'n
Der Flora Heiligtum damit zu schmücken.
Doch blieben Freuden uns so hoch wie diese.
Ich danke meinem Schicksal für den Segen,
Daß ich zu einer Zeit, wo Baum und Wiese
Pan lang verlassen, frei in mir darf hegen
Die süße Wonne, daß die armen Gaben
Doch einem Mann wie dir gefallen haben.

❧

›Fürcht ich, daß frühem Tod mein Sein verfällt‹

Fürcht' ich, daß frühem Tod mein Sein verfällt,
Eh noch des Geistes Frucht die Feder faßt,
Der Bücher Reihe meine Schrift enthält
Wie voller Speicher reicher Ernte Last;
Schau ich der Nacht ins Sternenangesicht,
Seh hoher Lieder Sinnbild, Wolkenstreifen,
Und denk: ich muß vergehen und kann nicht
Mit Glückes-Zauberhand die Schatten greifen;
Und fühl ich, holdes Wesen einer Stunde,
Daß ich dich niemals, niemals wiedersehe,
Nie an der Liebe Feenmacht gesunde,
Der rückhaltlosen; – einsam sinnend stehe

Ich an dem Ufer dann der weiten Welt,
Bis Ruhm und Liebe mir in Nichts zerfällt.

An Ailsa Rock

Horch, Meerespyramide, laß dich wecken!
Gib Antwort mit dem Schrei der Mövenbrut!
Wann war's, als deine Schultern hüllt die Flut,
Dich vor dem Sonnenlichte zu verstecken?
Wann hieß die höchste Macht vom Traum dich schrecken,
Daß nun dein Haupt im luftigen Schlafe ruht,
Im Schoß des Donners, wo bald Sonnenglut,
Bald kalte, graue Wolken dich bedecken?
Du gibst nicht Antwort, du schläfst todestief;
Dein Leben sind zwei tote Ewigkeiten:
Jetzt schläft's in Luft, wie einst es unten schlief,
Einst mit dem Wal, dem Adler jetzt zu streiten.
Du lagst versenkt, da rief der Erde Beben,
So durftest du den Riesenleib erheben.

An Homer

Unwissend ganz muß ich beiseite lehnen,
Hör ich von dir und hör von den Cykladen,
Wie einer an der Küste sich mag sehnen,
Im tiefen Meer mit dem Delphin zu baden.
Wohl, du bist blind, jedoch der Schleier reißt,
Denn Zeus enthüllt den Himmel dir zum Leben,

Die Biene summt für dich, wie Pan sie heißt,
Neptunus will sein schäumend Zelt dir geben.
Dir ist ein Licht am finstern Strand erwacht,
Abgründe sind mit frischem Grün bedeckt,
Ein Morgen knospt aus dunkler Mitternacht.
Dreifach Gesicht solch scharfe Blindheit weckt:
Zu schauen ward dir mit Dianas Sinn,
Der Höllen-, Erd- und Himmelskönigin.

›Warum lacht' ich heut nacht?‹

Warum lacht' ich heut nacht? Will niemand sprechen,
Gibt mir kein Gott, kein Dämon Antwort hier?
– Nicht Höll und Himmel will das Schweigen brechen,
So wend ich mich, mein Menschenherz, zu dir.
Herz, wir sind beide traurig und allein.
Sag, warum lachte ich? O stete Klagen,
O Dunkel, Dunkel, bittre Todespein!
Herz, Himmel, Hölle muß umsonst ich fragen.
Warum lacht' ich? Des Daseins kurze Pracht
Dehnt meine Phantasie zu höchstem Glücke.
Fürwahr! Doch stürb ich gern in dieser Nacht,
Zerrisse gern dies Prunkpanier in Stücke.
Vers, Ruhm und Schönheit sind voll Kraft – ich weiß.
Der Tod ist stärker, er, des Lebens Preis.

›Glanzvoller Stern! wär ich so stet wie du‹

Glanzvoller Stern! wär ich so stet wie du,
Nicht hing ich nachts in einsam stolzer Pracht!
Schaut' nicht mit ewigem Blick beiseite zu,
Einsiedler der Natur, auf hoher Wacht
Beim Priesterwerk der Reinigung, das die See,
Die wogende, vollbringt am Meeresstrand;
Noch starrt ich auf die Maske, die der Schnee
Sanft fallend frisch um Berg und Moore band.
Nein, doch unwandelbar und unentwegt
Möcht' ruhn ich an der Liebsten weicher Brust,
Zu fühlen, wie es wogend dort sich regt,
Zu wachen ewig in unruhiger Lust,
Zu lauschen auf des Atems sanftes Wehen –.
So ewig leben – sonst im Tod vergehen!

›Es ging der Tag und mit ihm alles Schöne!‹

Es ging der Tag und mit ihm alles Schöne!
Die süße Stimme, Lippe, Brust und Hand,
Der warme Atem, holde Flüstertöne,
Der Glanz des Auges, der Gestalt entschwand.
Dahin der Blumen junge Knospenfülle,
Dahin der Schönheit Strahl aus meinem Blick,
Dahin aus meinem Arm der Schönheit Hülle,
Das Paradies, die Wärme, Glanz und Glück!
Unzeitig hat der Abend es verschlossen;
Nun webt der Feiertag – nein, Feiernacht,
Vom Vorhang duftiger Liebe leicht umflossen,

Das Dunkel für die Lust, die heimlich wacht;
Ich aber las der Liebe Buch am Tage,
Daß ich nun schlafe, bete und entsage.

La Belle Dame sans Merci

Was fehlt dir, armer blasser Wicht,
    Du zauderst einsam, scheinst verirrt?
Das Schilfrohr welkte längst am See,
    Kein Vogel girrt.

Was fehlt dir, armer blasser Wicht,
    So hager und so wehverstört?
Eichkätzchens Speicher ist gefüllt,
    Das Feld geleert.

Ich seh die Lilie auf der Stirn
    Von Angst und Fiebertau so feucht.
Die blasse Rose deiner Wang,
    Auch sie verbleicht. –

Ich traf ein Weib auf dieser Au,
    So wunderschön, ein Feenbild,
Ihr Haar war lang, ihr Fuß war leicht,
    Ihr Auge wild.

Ich setzte sanft sie auf mein Roß,
    Sah sie nur, bis die Sonne schied;
Am Wege lehnte sie und sang
    Ein Feenlied.

Sir Frank Dicksee, La belle Dame sans Merci.

Mit Blumen kränzte ich ihr Haupt,
  Die Arme und den Leib so hehr,
Sie sah mich an, als liebte sie,
  Und seufzte schwer.

Sie suchte Wurzeln, Honigseim
  Und süßen Mannatau für mich;
Und seltsam klang es, wie sie sprach:
  Treu lieb ich dich.

Zur Elfengrotte zog sie mich
  Und sah mich an und seufzte tief.
Da küßt ich ihr die Augen zu, –
  Lang, bis sie schlief.

Da lagen wir auf weichem Moos,
  Da träumte ich – weh, welchen Traum?
Den letzten, den ich je geträumt
  Am Hügelsaum:

Es zogen Krieger totenbleich
  Und blasse Könige heran;
Sie schrien: »La Belle Dame sans Merci
  Hält dich im Bann!«

Im Zwielicht sah die Lippen ich
  Sich warnend öffnen, schaurig bang.
Da wacht' ich auf und fand mich hier
  Am kalten Hang.

Und darum bin ich hier so bleich,
  Und zaudre einsam und verirrt,
Wenn auch am See das Schilf verwelkt,
  Kein Vogel girrt!

Ode an Psyche

O Göttin! hör das Lied, das ich erkor,
Zu dem mich heut ein süß Erinnern zwang;
Verzeih mir, wenn ich dein Geheimnis sang,
Wenn auch nur für dein eignes zartes Ohr:
Gewiß, ich träumt'; denn hätte ich gesehen,
Beschwingte Psyche, dich mit wachem Blick?
Gedankenlos im Walde mocht ich gehen,
Da hielt ein Staunen plötzlich mich zurück:
Zwei schöne Wesen bei einander liegen
Sah ich im tiefsten Gras, ein Blütendach
Rauscht leise drüber hin, zur Seite fließt
 Geheimnisvoll ein Bach.

Wo still und kühl sich duftge Blumen wiegen,
Blau, silberweiß und purpurn alles sprießt,
Da lagen atmend sie auf Rasenbette;
Die Arme und die Flügel dicht verschlungen,
Die Lippen leicht gelöst, doch nicht gezwungen,
Kein Abschied war's, sie durfte Schlaf nur trennen,
Bereit, sich wieder Kuß auf Kuß zu rauben,
Erwacht beim ersten Dämmern Lieb aufs neue.
 Den Flügelknaben muß ich kennen,
Doch wer warst du, glückseligste der Tauben?
 Psyche, die Treue!

Du Letztgeborne, lieblich ohnegleichen,
Aus des Olympos Welt, die längst versunken!
Schöner als Phöbes Stern in Saphirreichen,
Und Hesperus, des Himmels Liebesfunken;
Schöner, wenn dir auch keine Tempel ragen
Und kein Altar von Blumen ward umwunden,
Kein Jungfrauenchor dir singt die süßen Klagen

Zu mitternächtigen Stunden;
Nicht Stimme, Leier, nicht des Weihrauchs Dunst,
    Der aus geschwungenem Kessel quillt;
Nicht Altar, Hain und nicht Orakelkunst,
    Prophetentraum, von bleichem Mund enthüllt!

Glanzvollste! Wenn zu spät auch für Gebete,
Zu spät auch für der gläubigen Leier Klang,
Da es noch heilig durch die Zweige wehte
Und heilig Wasser, Feuer, Luft durchdrang;
Noch jetzt seh ich in diesen späten Tagen,
Von heitrem Glauben ferne, deine Schwingen
Sich unter der Olympier Schatten wagen,
Mein eignes Aug' begeistert mich zum Singen.
So laß mich sein den Chor, ich sing die Klagen
    Zu mitternächtigen Stunden!
Dir Stimme, Leier, dir des Weihrauchs Dunst,
    Der aus geschwungnem Kessel quillt;
Dir Altar, Hain und dir Orakelkunst,
    Prophetentraum, von bleichem Mund enthüllt! –

Ich will als Priester dir den Tempel bauen,
Im Innern meines Geistes ihn errichten,
Wo auf Gedankenzweige Schmerzen tauen,
Und sie dir rauschen wie im Wind die Fichten:
Weit sollen diese dichtgedrängten Bäume
Befiedern steiler Berge wilde Klüfte;
    Dort summen Ströme, Vögel, Bienen, Lüfte
    Ein leises Lied in der Dryade Träume.
    Und mitten in der stillen Einsamkeit
    Sei dir ein lieblich Heiligtum geweiht,
    Darum will Blumengitter ich ersinnen
    Von Knospen, Glocken, Sternen ohne Namen,
    Will Phantasie als Gärtnerin beginnen,

Wird sie bei neuen Blumen nie erlahmen.
Und alle sanfte Freude soll dir winken,
    Die der Gedanke kann erfassen:
Ein Fenster offen nachts bei Fackelblinken,
    Den warmen Eros einzulassen!

Ode an den Müßiggang

1

Einst in der Frühe sah ich drei Gestalten
Seitwärts gesenkten Nackens, Hand in Hand
Sich ruhigen Schrittes nacheinander halten
Auf weichen Sohlen, weiß war ihr Gewand.
Sie gingen hin wie marmorne Figuren,
Wenn eine Vase man zur Seite dreht,
Und kehrten wieder, wie Gestalten kehren,
Dreht man die Vase in die alten Spuren.
Sie waren fremd mir, wie's selbst Forschern geht,
Die eingeweiht des Phidias Kunst verehren.

2

Wie konntet, Schatten! unbekannt ihr nahn,
Wie konnt' euch diese Maske vor mir hehlen?
War es ein schweigend tief versteckter Plan,
Mir ohne Werk den müßigen Tag zu stehlen?
Reif war die Stunde! Um die Augen floß
Die Wolke seliger Muße schlummertrunken,
Mein Puls schlug sacht, bis stachellos das Leid

Und bis der Kranz der Freude blütenlos.
Warum zerfloßt ihr nicht, ließt mich versunken,
Von nichts belästigt als Vergessenheit?

3

Zum dritten kamen sie, und jede wandte
Zu mir den Blick, dann schwanden sie vorbei.
Da lechzte ich nach Flügeln, o ich brannte
Zu folgen ihnen, denn ich kannt' die drei.
Die Liebe kam, ein schönes Mägdelein;
Der Ehrgeiz dann mit Wangen blaß wie Leid, –
Wachsam mit müdem Blicke schläft er nie; –
Zuletzt sie, die ich liebe mehr, je mehr
Man Tadel auf sie häuft, unsanfte Maid –
Ich wußt': es war mein Dämon Poesie.

4

Sie schwanden hin! Führwahr, was braucht ich Schwingen?
O Torheit! Was ist Liebe? Laß sie ziehn!
Und um den armen Ehrgeiz! Ihm entspringen
Der kleinen Herzen Fieberphantasien.
Und Poesie! – mir bringt sie keine Freuden,
Wie ich sie süß zur Mittagsstille fand,
An Abenden im müßigen Traum versenkt.
O eine Ewigkeit, so frei von Leiden,
Daß mir des Mondes Wechsel unbekannt,
Kein emsiger Tageslärm mich mehr umdrängt!

5

Ach, warum kamen sie noch einmal wieder;
Ist doch mein Schlaf von zartem Traum durchwebt;
Auf meine Seele fallen Blüten nieder,
Wo Licht und Schatten auf und nieder schwebt:
Der Morgen ist bewölkt, doch fällt kein Regen,
Nur Maientränen hängen ihm am Lid.
Durchs offne Fenster, wo die Ranken lehnen,
Dringt Amselschlag herein und Knospensegen. –
O Schatten! Zeit war's, daß ich von euch schied!
Auf euer Kleid fiel keine meiner Tränen.

6

Lebt wohl, ihr Geister! Ihr könnt nicht erheben
Mein kühlgebettet Haupt vom Blütenrain.
Wollt nicht vom Lobe übersättigt leben,
Verhätschelt nicht in einem Rührstück sein!
Entschwindet sanft dem Blicke mir und seid
Nun wieder nur der Vase Traumgestalten.
Lebt wohl! Mir winket nachts der Träume Glück,
Und sanfte Träume hält der Tag bereit.
Hinweg, Phantome! Euch wird nicht mehr halten
Mein müßiger Geist, kehrt nimmermehr zurück!

Ode an die Nachtigall

1

Mich schmerzt das Herz, Betäubung hält in Haft
Die Sinne mir, als hätte ich getrunken
Bis auf die Neige giftigen Mohnes Saft
Und wäre dann in Lethes Flut gesunken:
Es ist nicht Neid auf dein glückselig Los,
Zu sehr hab ich mit dir dein Glück gefühlt –
O leichtbeschwingte Dryas du der Bäume!
    Im grünen Blätterschoß
Der Birke, wenn ihr Schatten dich umkühlt,
Singst du vollkehlig deine Sommerträume.

2

O einen Trunk des Weins, der in der Kühle
Gelagert lang in tiefgewölbter Erde,
Daß Blumen, Waldesgrün ich wieder fühle,
Tanz, Minnesang und Sommerlust mir werde!
O einen Becher voll vom Süden bringt,
Vom Naß der Hippokrene soll er glühn,
Wo bis zum Rand mit Perlenschaumgefunkel
    Der feuchte Purpur winkt;
Den möcht ich trinken, dann der Welt entfliehn,
Mit dir hinschwinden in des Waldes Dunkel.

3

Hinschwinden fern! Vergessen und versenken,
Was man auf deinem Zweig dich nie gelehrt;

Die Müdigkeit, das Fieber und das Kränken,
Hier, wo man nur des andern Seufzer hört;
Wo letzte graue Haare Schwäche schüttelt,
Wo Jugend blaß, gespenstisch wird und stirbt;
Wo nur zu denken voll sein heißt von Sorgen,
    Wo uns Verzweiflung rüttelt,
Wo auch der Schönheit heller Glanz verdirbt,
Den Liebe kaum betrauert bis zum Morgen.

4

Fort! Fort von hier! Denn zu dir will ich dringen,
Und nicht entführt von Bacchus Parderwagen
Nein, auf der Dichtung unsichtbaren Schwingen,
Kann auch das dumpfe Hirn es noch nicht tragen:
Schon bin ich bei dir! Lieblich ist die Nacht,
Auch Luna fehlt auf ihrem Throne nicht,
Von allen ihren Sternenfeen umdrängt;
    Doch hier, hier ist kein Licht,
Als das der Wind vom Himmel hergebracht,
Das sich durch dichtes, grünes Dickicht zwängt.

5

Ich sehe nicht die Blumen mir zu Füßen,
Nicht welch ein Wohlgeruch am Baume hängt,
Doch in balsamischer Luft ahn' ich die süßen,
Die alle uns der Frühlingsmond geschenkt,
Die er in Dickicht, Baum und Gras erschloß:
Der Weißdorn und die wilde Rose blüht,
Und Veilchen, die sich in die Blätter schmiegen,
    Des Maien erster Sproß,

Die Anemone, die, von Tau umsprüht,
Ein summend Nest wird allen Sommerfliegen.

6

Im Dunkeln lausch' ich; oft hab ich gezollt
Fast Liebe ihm, dem Friedensbringer Tod,
Rief ihn mit Schmeichelnamen süß und hold,
Mich sanft zu lösen von des Lebens Not;
Nun mehr als je scheint es mir reich zu sterben,
Sich mitternächtig, schmerzlos zu verzehren,
Da deine Seele auf Gesangesflügel
   Ausströmt in seligem Werben!
Du würdest singen, ich könnt dich nicht hören –
Wär für dein Requiem ein Rasenhügel.

7

Du Hehre warst nicht für den Tod geboren!
Kein hungriges Geschlecht tritt dich danieder.
Die Stimme, die ich höre, sang den Ohren
Von Narr und Kaiser einst dieselben Lieder:
Vielleicht war es der gleiche Klang, der leise
Zum Herzen Ruths sich stahl, als heimwehkrank
Inmitten fremden Korns sie weinend stand;
   Oft war es deine Weise,
Die ins Gemach des Zauberschlosses drang,
Das meerumrauscht ins Feenland verbannt.

8

Verbannt! Wie eine Glocke tönt dies Wort,
Das mich von dir zur Einsamkeit verweist!
Leb wohl! Die Phantasie täuscht uns nichts fort,
Was man auch von ihr rühmt, trugvoller Geist!
Leb wohl! Leb wohl! Dein Klagelied entschwindet,
Auf Strom und Wiesen fern hört man es kaum,
Bis auch der letzte Ton sich birgt, der schwache,
 Dort, wo das Tal sich windet:
War es ein Trugbild, war es wacher Traum?
Ich weiß nicht, ob ich schlafe oder wache. –

Ode auf eine griechische Vase

I

Du unentweihte Braut der tiefen Stille,
Der trägen Zeit, des Schweigens Pflegekind,
Erzählst uns Waldesmärchen reicher Fülle,
Weit süßere, als sie der Reim ersinnt.
Welch blattumsäumte Sagen steigen auf,
Sind's Sterbliche, sind's Götter, die dort ziehn?
Ist es Arkadien, ist es Tempes Tal?
Welch spröde Mädchen, welch ein wilder Lauf,
Welch tolles Haschen, Sträuben und Entfliehn
Und welch ein Pfeifen, welch ein Bacchanal?

Gehörte Melodien sind süß, doch singen
Noch süßer jene, die nie angestimmt,
Laßt Flöten drum die sanften Weisen klingen,
Die nur der Geist und nie das Ohr vernimmt:
Du schöner Jüngling endest nie dein Spiel,
Nie wirst du kahl und leer die Bäume sehn;
Nie wird dir Liebender der Kuß zu teil,
Laß dich's nicht reun, bist du auch nah dem Ziel,
Sie welkt dir nie – und wird dir nie dein Heil,
So liebst du ewig, sie bleibt ewig schön!

3

Glückselige Zweige! nimmer könnt ihr streuen
Die Blätter, da der Lenz euch nimmer flieht;
Glückseliger Spielmann, wirst dich immer freuen
Entlockst der Flöte du ein neues Lied;
Dreimal glückselig selige Liebeslust!
Die immer warm und neu empfunden wird,
Du ewig sehnsuchtsvolle, ewig junge,
Hoch über Leidenschaft in Menschenbrust; –
Die läßt das Herz beladen und verwirrt
Und fieberheiß die Stirne, dürr die Zunge!

Wer ist sie, dort die heilige Opferschar?
Wohin, geheimnisvoller Priester, führt
Den Stier, den brüllenden, ihr zum Altar,
Deß seidne Flanken ihr mit Kränzen ziert?

Wo liegt die Stadt? Am Fluß, am Seegestade,
Am Bergeshang im Schutz der Zitadelle,
Die fromm am Morgen dieses Volk verlassen?
Nun bleiben immer schweigend deine Pfade,
Und zum Bericht, warum so öd die Gassen,
Kehrt keine Seele heim zu deiner Schwelle.

5

O schöne Form! O attisches Gebild!
Von marmornen Gestalten rings umdrängt,
Von Blattgezweig und Rankenwerk umhüllt;
Wie sich dein Schweigen auf uns niedersenkt!
Das Denken bannst du gleich der Ewigkeit!
Rafft einstmals dies Geschlecht das Alter hin,
Bleibst du bestehn inmitten andrer Leid.
Ein Freund der Menschheit lehrst du dies Gebot:
»Schönheit ist wahr und Wahrheit schön!« – Den Sinn
Müßt ihr verstehn, dies eine tut euch not!

Ode an die Melancholie

I

Nein, nein, geh nicht zu Lethes dunklem Reiche,
Dem Bilsenkraut mußt du den Saft nicht rauben;
Und leide nicht, daß dir die Stirn, die bleiche,
Nachtschatten küsse mit den Purpurtrauben;
Flicht nicht den Rosenkranz aus Taxusbeeren,
Laß nicht den dunklen Totenfalter sein

Der Psyche Bild – und nicht die Eule wähle,
Um deines Grams Mysterien zu hören.
Auf Schatten dringt zu traumhaft Schatten ein,
Umnebelt wird die wache Angst der Seele.

2

Doch soll die Schwermut dir vom Himmel sinken,
Schnell, wie die Wolke weinend niederquillt,
Aus der die welken Knospen Leben trinken,
Und die in Schnee die grünen Hügel hüllt,
Dann laß am Rosentau dein Leid sich weiden,
Am Regenbogen auf der salzigen Flut,
An der Päonie reicher Blütenpracht.
Und will im Zorn dich die Geliebte meiden,
Faß ihre Hand, laß ihr den raschen Mut
Und schau ihr tief, tief in des Auges Nacht. –

3

Sie weilt bei Schönheit – Schönheit, welche stirbt,
Und Freude, die zum Abschied an die Lippen
Den Finger drückt, und Wonne, die verdirbt,
Zum Gifte wird, wenn Bienen daran nippen:
Ja, grade in der Freude Tempel läßt
Die Schwermut sich errichten den Altar;
Nur sichtbar ihm, der kühn voll Leidenschaft
Den Kelch der Lust an seine Lippen preßt;
Sein Geist allein wird ihre Macht gewahr,
Und als Trophäe hält sie ihn in Haft. –

An den Herbst

1

O Zeit des Nebels und der Fruchtbarkeit,
Der Erntesonne naher Busenfreund,
Mit der du Zwiesprach hältst, ob es wohl Zeit,
Daß an dem Dachfirst sich die Traube bräunt;
Daß unter Apfellast der Baum sich neigt,
Und bis zum Kern der Frucht die Reife dringt;
Daß Haselnüsse in den Schalen quellen;
Der Kürbis schwillt, die Knospe neu sich zeigt,
Die späte Blume noch den Bienen winkt,
Daß sie des Blühens fast kein Ende dünkt,
So überfüllt der Sommer ihre Zellen.

2

Wer sah dich bei der Ernte nicht, du Reicher?
Doch wer dich draußen sucht, der mag wohl finden,
Dich sorglos sitzend auf gefülltem Speicher,
Das Haar umspielt von kosend weichen Winden;
Gern schläfst du auch auf halb gemähtem Feld,
Vom Duft des Mohns betäubt, es schont die Hand
Den nächsten Schwaden blütenreich durchwunden;
Und oftmals wie ein Ährenleser hält
Dein reich beladen Haupt am Bache stand;
Und bei der Kelter in Geduld gebannt,
Schaust du dem Sickern zu manch lange Stunden.

Wohin, wohin sind alle Frühlingslieder?
Denk nicht an sie, hast du Musik ja auch! –
Der Tag verbleicht, von glühnden Wolken nieder
Trifft noch das Stoppelfeld ein rosiger Hauch;
Und klagend summt ein Chor von kleinen Mücken
In Weidenbüschen, an des Baches Rand,
Vom leichten Winde auf und ab gehoben;
Die Lämmer blöken laut vom Hügelrücken;
Das Heimchen singt; im lieblichen Diskant
Pfeift nun Rotkehlchen her vom Gartenland;
Und ziehender Schwalben Zwitschern klingt von oben.

NACHWORT

✒ Wer von ›englischer Romantik‹ spricht, meint damit eine kunst- und literaturgeschichtliche Epoche, die etwa im letzten Drittel des 18. und im ersten Drittel des 19. Jahrhunderts anzusiedeln ist. Beckmesserische Versuche, Beginn und Ende des Zeitraums durch Jahreszahlen zu präzisieren, verkennen die Eigenart geistesgeschichtlicher Phänomene, die punktuelle Datierungen nicht zuläßt. Es ist sogar umstritten, ob man überhaupt von einer einheitlichen europäischen Romantik in der Literatur sprechen kann. Betrachtet man sie in ihren sehr unterschiedlichen und zum Teil auch in sich heterogenen nationalen Ausprägungen, so bietet sich eher der Vergleich mit den Mitgliedern einer großen Familie an: sie sind alle miteinander verwandt, doch bei aller Ähnlichkeit ist jeder einzelne unverwechselbar.

Ginge man bei der Frage nach der Existenz der Romantik von dem Kriterium aus, ob sich die so gruppierten Dichter selbst als ihr zugehörig betrachtet haben, käme man, mit René Wellek, zu dem ernüchternden Befund, daß es sie in England überhaupt nicht gegeben und sie in Deutschland nicht vor 1808 und in Frankreich nicht vor 1818 eingesetzt hat. Solche Versuche, sich dieser Periode über die Terminologie der Zeitgenossen zu nähern, sind also bestenfalls von sehr begrenztem Erkenntniswert.

Geschichtlich betrachtet, ist das letzte Drittel des 18. und das erste Drittel des 19. Jahrhunderts, also die Zeit zwischen dem amerikanischen Unabhängigkeitskrieg (1775-1783) und dem ersten Wahlrechtsreformgesetz in England (1832), eine Epoche radikaler Umwälzungen sowie wirtschaftlicher und sozialer Umbrüche von großer Tragweite. Der Sturm auf die Bastille am 14. Juli 1789 mit seinen bekannten Folgen war *das* politische Ereignis, dessen Auswirkungen auf das englische Geistesleben alle anderen bei weitem übertrafen: ›das zentrale

Thema der Epoche ist die Französische Revolution‹ – so Percy B. Shelley in einem Brief an Byron vom 4. September 1816. Parallel dazu verliefen sozioökonomische Transformationsprozesse, die der Industriellen Revolution den Weg bereiteten. Die zunehmende Mechanisierung der Arbeitswelt, die Spezialisierung der Fertigung, der Ersatz manueller Produktionsmethoden durch maschinelle Fabrikation veränderten das soziale Gefüge nicht weniger als das gesellschaftliche Bewußtsein, prägten das Lebensgefühl und das Selbstverständnis der Generationen zwischen 1770 und 1830.

Nicht minder radikal sind die Veränderungen, die man im Bereich der englischen Dichtung und Dichtungsauffassung der Romantik beobachtet, wenn man sie mit der Poesie und Poetologie des Klassizismus vergleicht. An die Stelle der dort noch propagierten Nachahmung der Wirklichkeit tritt der ›spontane Ausdruck mächtiger Gefühle‹ (Wordsworth), die mimetische wird durch eine expressive Ästhetik ersetzt. Die Antike verliert ihre Vorbildfunktion, die tradierten Kunstregeln verlieren ihre Verbindlichkeit, überkommene Gattungskonventionen ihre normative Gültigkeit. Das schöpferische Bewußtsein, die kreative Vorstellungskraft, entwirft die Welt auf eine neue, ›originale‹ Weise, indem sie ›dem Gemeinen einen hohen Sinn, dem Gewöhnlichen ein geheimnisvolles Ansehn, dem Bekannten die Würde des Unbekannten, dem Endlichen einen unendlichen Schein‹ gibt (Novalis, *Schriften*, hg. R. Samuel in Zusammenarbeit mit H.-J. Mähl u. G. Schulz, Bd. 2, Darmstadt 1965, S. 545). Nichts anderes haben Wordsworth und Coleridge zum Ausdruck bringen wollen, als sie sich für ihr Gemeinschaftswerk, die *Lyrischen Balladen* [*Lyrical Ballads*], darauf verständigten, daß ersterer das Übernatürliche als vertraut darstellen, sein Freund dagegen dem Vertrauten des Alltagslebens den ›Charme der Neuheit‹ verleihen sollte.

Auf welch vielfältige Weise der politische und sozioökonomische Wandel in England zwischen Revolution und Reform mit Veränderungen im Selbstverständnis der Dichter dieser Epoche, insbesondere ihrer Auffassungen vom Sinn und Zweck ihres Tuns, in Verbindung steht, kann hier nicht im Detail erörtert werden. Daß es eine gewisse Reziprozität der Beziehungen gibt, gehört zu den Einsichten, die Victor Hugo einmal mit der Bemerkung zum Ausdruck brachte, die Romantik sei nichts weiter als der ›Liberalismus in der Literatur‹ [»le *libéralisme* en littérature«. *Hernani*, préface]. Was die in diesem Band versammelten sechs Dichter der englischen Romantik jenseits aller Verschiedenheit in Form, Thematik und Sprache ihres Œuvres miteinander verbindet, ist das Bewußtsein der Freiheit von überkommenen Normen und Konventionen, seien sie politischer, gesellschaftlicher oder ästhetischer Provenienz. Dabei nimmt die neugewonnene Freiheit auf ganz unterschiedliche Weise Gestalt an: bald erscheint sie als privatmythologisch verschlüsselte, hermetische Vision, so z.B. in den ›prophetischen Büchern‹ Blakes, bald als Rückzug in eine mystifizierte Natur, deren moralisch-regenerative Kraft dem einzelnen Stütze und Halt sein kann (Wordsworth), oder sie manifestiert sich als Entgrenzung lebensweltlicher Erfahrung, und sei es auch mit Hilfe künstlicher Stimulanzien (Coleridge). Während Keats in der Feier des Schönen inmitten der Melancholie des Vergänglichen eher zu einer eskapistischen Lösung tendierte, pflegten P. B. Shelley und Byron, besondes letzterer, in ihrem Lebensstil die Attitüde des provokanten Außenseiters und Rebellen gegen etablierte Institutionen.

Solche Einschätzungen treffen für gewisse Charakteristika der obengenannten Dichter zu. Daneben aber gibt es andere Einstellungen, Ausdrucksformen und Stilzüge, die häufig genug nicht einmal beim gleichen Autor durchgängig anzutreffen sind, geschweige denn von den Zeitgenossen geteilt wurden. Die Stimme des kryptischen, fast unerschließbaren

Blake der »prophetic books« unterscheidet sich deutlich von der Stimme des schlichten Sängers der *Lieder der Unschuld* [*Songs of Innocence*] oder derjenigen des scharfzüngigen Kritikers sozialer Mißstände in den *Liedern der Erfahrung* [*Songs of Experience*]. Wordsworth hat in seinem Westminster Bridge-Sonett London zum Landschaftsbild verklärt, dagegen im VII. Buch seiner autobiographischen Dichtung *Das Präludium oder Das Reifen eines Dichtergeistes* [*The Prelude; or, Growth of a Poet's Mind*] die gleiche Stadt als quirligen Schmelztiegel verschiedener Völkerschaften gesehen; sie sei ein ›monströser Ameisenhaufen‹, eine ›sinnentleerte Wirrnis‹, in deren Labyrinth jede Orientierung verlorenzugehen droht.

Wie sehr sich die Dichter, die zu der Epoche der englischen Romantik gehören, voneinander unterschieden haben, läßt sich nicht nur an ihren Biographien ablesen, sondern z. B. an ihren Einstellungen zur eigenen Rolle als Dichter sowie zur Natur. Wordsworth sah im Dichter einen ›Menschen, der zu den Menschen spricht‹ [»a man speaking to men«]. Er verfüge allerdings über eine lebhaftere Sensibilität, größere Begeisterungsfähigkeit, Kenntnis der menschlichen Natur und Vorstellungskraft, gepaart mit der Bereitschaft, seinen Gedanken und Gefühlen Ausdruck zu verleihen. Shelley hingegen erklärte mit dem ihm eigenen Pathos die Poeten zu den eigentlichen, allerdings ›nicht anerkannten Gesetzgebern der Welt‹ [»the unacknowledged legislators of the world«]. Während Blake die Natur lediglich als Abglanz der gefallenen Schöpfung wahrnahm, galt sie Wordsworth als religiös überhöhter moralischer Kraftquell des seines Ursprungs entfremdeten Individuums.

Seine Definition von der Dichtung als dem ›spontanen Ausdruck mächtiger Gefühle‹ trifft nur einen, wenn auch wichtigen Aspekt der Romantik. Die zur Welt erweiterte Innerlichkeit, die sich in der Poesie manifestieren sollte, steht in

polarer Entsprechung zu der Faszination, die das Fernablie-
gende, Exotische und Unvertraute, bisweilen auch das Dä-
monische oder Übernatürliche ausübte. Coleridge läßt seinen
alten Seemann bis an die Grenzen der bekannten Welt, näm-
lich in die Antarktis, vordringen, und er bestraft seinen Frevel
an der Natur mit ewiger Wanderschaft. In seinem Gedicht
»Kubla Khan« greift er auf einen mongolischen Herrscher
aus dem 13. Jahrhundert zurück und zitiert im gleichen Zu-
sammenhang eine die Harfe schlagende Maid aus dem fernen
Abessinien. Es scheint, als ob in der dialektischen Bewegung
von Rückzug in die Innerlichkeit und der Sehnsucht nach
fernen Räumen und weit zurückliegenden Zeiten, in der Be-
grenzung auf das subjektive Bewußtsein des Individuums als
Zentrum der Sinnstiftung und dem gleichzeitigen Drang
nach imaginativer Entgrenzung des Ichs, in der Poetisierung
der Ferne, ein charakteristisches Merkmal der Romantik be-
stehe. Was sich hier zur romantischen Synthese verbindet, hat
Novalis vielleicht am prägnantesten formuliert: »Was außer
mir ist, ist gerade in mir, ist mein – und umgekehrt.« (Novalis,
a.a.O., Bd. 3, S. 377).

Die vorliegende Anthologie enthält eine großzügige Aus-
wahl von Gedichten der sechs repräsentativen Autoren der
englischen Romantik: Blake, Wordsworth, Coleridge stehen
für die ältere, Byron, Shelley und Keats, allesamt früh ver-
storben, für die jüngere Dichtergeneration. Walter Wilhelm
hat Blake, Marie Gothein Keats übertragen; die deutschen
Versionen der Gedichte von Wordsworth, Coleridge, Byron
und Shelley stammen nicht aus jeweils einer Feder, sondern
verdanken sich verschiedenen Übersetzern. Größtmögliche
Texttreue gegenüber dem Original in Verbindung mit der
adäquaten Wiedergabe der Formelemente – dem Rhythmus
wurde dabei besondere Bedeutung beigemessen – galten als

wichtigste Auswahlkriterien. Daß es in dem schwierigen Balanceakt zwischen Treue zum Inhalt und Treue zur Form nur mehr oder minder gelungene Kompromisse geben kann, wird jedem einsichtig sein, der sich die enormen Probleme vergegenwärtigt, die mit der Übersetzung von solch fragilen und komplexen Gebilden wie Gedichten verbunden sind. Bei der Übertragung von Versen aus dem Englischen ins Deutsche kommt noch erschwerend hinzu, daß insbesondere deutsche Nomina Flexionsendungen aufweisen, die das Englische aufgrund seiner historischen Entwicklung längst abgestreift hat. Die uneingeschränkte Bewunderung für jene, die, wie z.B. die Keats-Übersetzerin Marie Gothein, diese Herausforderung kongenial gemeistert haben, mindert keineswegs den hohen Respekt vor den anderen, denen es gelungen ist, englische Sprachkunst der Romantik dem deutschen Leser zugänglich zu machen.

Norbert Kohl

ANHANG

Tabellarische Lebensläufe

1757 Am 28. November als dritter Sohn von James und Catherine Blake, geb. Harmitage, in London geboren
James Blake ist als Kurzwarenhändler tätig

1767 Tritt in die Zeichenschule von Henry Pars ein, die einzige Schule, die er je besuchte

1772-1779 Lehrling bei dem Kupferstecher James Basire
Fertigt im Auftrag von Basire Zeichnungen und Stiche von Westminster Abbey und anderen Kirchen bzw. Kunstdenkmälern an

1779-1780 Lernt u.a. die Künstler John Flaxman, Thomas Stothard und Johann Heinrich Füßli kennen

1780 Eintritt in die »Royal Academy«

1782 Heiratet am 18. August die 20jährige Catherine Sophia Boucher
Die Ehe bleibt kinderlos

1783 Seine *Poetical Sketches* [*Poetische Skizzen*] mit finanzieller Unterstützung zweier Mäzene gedruckt, aber nicht veröffentlicht

1784 Nach dem Tode des Vaters macht er sich zusammen mit James Parker selbständig und eröffnet einen »print-shop«, dem allerdings kein Erfolg beschieden ist

1789 *Songs of Innocence* [*Lieder der Unschuld*] veröffentlicht. Blake bedient sich hier, wie in vielen seiner Werke, der Technik des »illuminated printing«, die Text und Illustration miteinander verbindet
Wahrscheinlich entsteht im selben Jahr *Tiriel*, eine epische Dichtung, ohne Illustrationen
The Book of Thel [*Das Buch Thel*] veröffentlicht

1790-1793 *The Marriage of Heaven and Hell* [*Die Hochzeit von Himmel und Hölle*], eines seiner sog. ›prophetischen Werke‹, entsteht

1791 *The French Revolution* [*Die Französische Revolution*], eine epische Dichtung, veröffentlicht

1792 Die Mutter stirbt

1793 *Visions of the Daughters of Albion* [*Visionen der Töchter Albions*], eine epische Dichtung mit Illustrationen des Autors, veröffentlicht

America. A prophecy [*Amerika. Eine Prophezeiung*], eines der ›prophetischen Werke‹, veröffentlicht

1794 *Songs of Innocence and of Experience* [*Lieder der Unschuld und Erfahrung*], mit Illustrationen des Autors, zum ersten Mal in einem Band veröffentlicht

Europe. A prophecy [*Europa. Eine Prophezeiung*], eine epische Dichtung, veröffentlicht

The Book of Urizen [*Das Buch Urizen*] veröffentlicht

1795 *The Book of Ahania* [*Das Buch Ahania*] veröffentlicht

The Book of Los [*Das Buch Los*] veröffentlicht

1797 Stiche für Edward Youngs *Night Thoughts* [*Nachtgedanken*] vollendet

Illustrationen für eine Ausgabe von Thomas Grays Gedichten

1797-1803 *The Four Zoas* (ursprünglich: *Vala*), eines der längeren ›prophetischen Werke‹, die er nicht illustriert hat, entsteht

1800 Auf Anregung seines Gönners und Auftraggebers William Hayley verlegt er seinen Wohnsitz in dessen unmittelbare Umgebung nach Felpham, einen kleinen Ort in Sussex

1803 Angeklagt wegen angeblicher staatsfeindlicher Äußerungen

Nach Meinungsverschiedenheiten mit Hayley Rückkehr nach London

1804 Freispruch von der Anklage wegen staatsfeindlicher Äußerungen

1804-1808 *Milton. A poem in two books* [*Milton. Eine Dichtung in zwei Büchern*] entsteht

1804-1820 Arbeitet an *Jerusalem. An emanation of the giant Albion* [*Jerusalem. Eine Emanation des Riesen Albion*], einem seiner ›prophetischen Werke‹

1809 Beginnt mit Illustrationen zu den *Canterbury Pilgrims* [*Canterbury-Pilger*]

1815-1817 Entwürfe für Wedgwoods Porzellanwarenkataloge

1816 Zeichnungen für Miltons Versdichtungen »L'Allegro« und »Il Penseroso«

1818 *The Everlasting Gospel* [*Das ewige Evangelium*], ein Gedicht-
fragment, entstanden vermutlich bereits im Jahre 1810, veröf-
fentlicht
1820 Holzschnitte für Thorntons Vergil-Ausgabe
1823 Im Auftrag John Linnells entstehen Illustrationen des alttesta-
mentlichen Buches Hiob
1824 Illustrationen zu John Bunyans allegorischem Roman *The Pil-
grim's Progress* [*Die Pilgerreise*]
Beginnt mit Illustrationen zu Dantes *Göttlicher Komödie*
1827 Stirbt am 12. August und wird auf dem Friedhof Bunhill Fields
in London beigesetzt.

WILLIAM WORDSWORTH (1770-1850)

1770 Am 7. April als zweiter Sohn von John und Anne Wordsworth,
geb. Cookson, in Cockermouth (Lake District) geboren
Der Vater ist als Rechtsanwalt und Gutsverwalter tätig
1771 Geburt der Schwester Dorothy, mit der er sich zeitlebens eng
verbunden fühlt
1776 Besucht die Grundschule in Penrith
1778 Tod der Mutter
Besucht die »grammar school« in Hawkshead
1783 Der Vater stirbt
1787 Immatrikulation am St John's College in Cambridge
1790 Längere Wanderung mit seinem Freund Robert Jones durch
Frankreich und die Schweiz
1791 Abschluß des Studiums mit dem akademischen Grad eines B.A.
Reise nach Frankreich im November
1792 Liaison mit Annette Vallon
Geburt der Tochter Caroline
Unterstützt die Girondisten
Rückkehr nach London gegen Ende des Jahres
1793 »An Evening Walk« [›Ein Abendspaziergang‹] veröffentlicht
1795 Begegnung mit S. T. Coleridge und Robert Southey in Bristol
Läßt sich zusammen mit seiner Schwester Dorothy in Race-
down (Dorset) nieder

1797 Verlegt seinen Wohnsitz nach Alfoxden
Intensivierung der freundschaftlichen Beziehungen zu S.T. Coleridge, der im nahegelegenen Nether Stowey wohnt
1798 *Lyrical Ballads* [*Lyrische Balladen*], zusammen mit S.T. Coleridge, anonym veröffentlicht
Deutschlandreise mit der Schwester Dorothy und S.T. Coleridge
1799 Im April Rückkehr nach England
Bezieht einen neuen Wohnsitz: Dove Cottage, Grasmere
1801 Die zweite Auflage der *Lyrical Ballads*, mit einem wichtigen dichtungstheoretischen Vorwort von Wordsworth, veröffentlicht
Im Sommer Schottlandwanderung
1802 Treffen mit Annette Vallon und der gemeinsamen Tochter Caroline in Calais
Heiratet am 4. Oktober Mary Hutchinson
Dritte Auflage der *Lyrical Ballads* veröffentlicht
1803 Geburt des Sohnes John
Schottlandwanderung mit der Schwester Dorothy und Coleridge
Begegnung mit Walter Scott in Lasswade
1804 Geburt der Tochter Dora
1805 Der Bruder John ertrinkt
Wordsworth vollendet die autobiographische Dichtung *The Prelude, or, Growth of a Poet's Mind* [*Das Präludium oder Das Reifen eines Dichtergeistes*], die erst 1850 veröffentlicht wird
1806 Geburt des Sohnes Thomas
1807 *Poems in Two Volumes* [*Gedichte in zwei Bänden*] veröffentlicht
Walter Scott und Thomas De Quincey besuchen Wordsworth in Dove Cottage
1808 Umzug nach Allan Bank, Grasmere
Geburt der Tochter Catherine
1809 *The Convention of Cintra* [*Die Konvention von Cintra*], ein politisches Traktat, veröffentlicht
1810 Geburt des Sohnes William

1810 Zerwürfnis zwischen Wordsworth und Coleridge

1812 Versöhnung mit Coleridge
Tod der Kinder Catherine und Thomas

1813 Erhält einen Posten in der Finanzverwaltung von Westmorland, der £ 400 pro Jahr einbringt
Umzug nach Rydal Mount, wo er bis zu seinem Lebensende wohnt

1814 *The Excursion* [*Die Wanderung*], eine epische Dichtung in neun Büchern, die als Mittelstück von *The Recluse* [*Der Einsiedler*] geplant war, veröffentlicht

1815 *The White Doe of Rylstone* [*Das weiße Reh von Rylstone*] sowie eine Gesamtausgabe der Gedichte veröffentlicht, der noch weitere folgen werden

1819 *Peter Bell* und *The Waggoner* [*Der Fuhrmann*], die bereits 1798 und 1806 entstanden, veröffentlicht

1820 *The River Duddon*, eine Sammlung von Sonetten, veröffentlicht
Europareise

1828 Rheinreise mit Coleridge und seiner Tochter Dora

1831 Schottlandtour. Letzte Begegnung mit Walter Scott

1837 Reise nach Frankreich und Italien

1838 Erhält die Ehrendoktorwürde der Universität Durham

1839 Erhält die Ehrendoktorwürde der Universität Oxford

1842 *The Borderers* [*Die Räuber an der Grenze*], eine frühe Tragödie, die bereits 1795/96 entstanden war, veröffentlicht

1843 Erhält als Nachfolger von Robert Southey die Würde eines »poeta laureatus«

1849-1850 Ausgabe letzter Hand der Gedichte in sechs Bänden
Wordsworth stirbt am 23. April und wird auf dem Friedhof von Grasmere begraben.

SAMUEL TAYLOR COLERIDGE (1772-1834)

1772 Am 21. Oktober als zehntes Kind von John Coleridge und seiner zweiten Frau Anne Bowden in Ottery St Mary (Devonshire) geboren

1772 Der Vater wirkt dort als Gemeindepfarrer und ist Leiter der örtlichen Schule

1781 Tod des Vaters

1781-1791 Besucht die Christ's Hospital-Schule in London

1791 Immatrikulation am Jesus College, Cambridge

1793 Verläßt das College ohne Abschluß und verdingt sich unter dem Namen Silas Tomkyn Comberbake bei einer Einheit der »Light Dragoons« [›Leichte Dragoner‹]

Nach Interventionen von seiten seiner Familie und Freunden quittiert er den Dienst und kehrt für kurze Zeit nach Cambridge zurück

1794 Verläßt Cambridge endgültig und ohne akademischen Abschluß

Betreibt zusammen mit Robert Southey die Gründung eines utopischen kommunistischen Gemeinwesens in Amerika (Pennsylvania), die »pantisocracy« [›Pantisokratie‹]

1795 Begegnung mit William Wordsworth in Bristol

Heiratet Sara Fricker und nimmt seinen Wohnsitz in Clevedon, Somerset

1796 Geburt des Sohnes Hartley

Gründung der Zeitschrift *The Watchman* [*Der Wächter*], von der allerdings nur zehn Nummern erscheinen

Poems on Various Subjects [*Gedichte über verschiedene Themen*] veröffentlicht

Übersiedlung der Familie nach Nether Stowey, Somerset

1798 Geburt des Sohnes Berkeley, der wenige Jahre später stirbt

Josiah und Thomas Wedgwood setzen Coleridge eine Jahresrente in Höhe von £ 150 aus

Lyrical Ballads [*Lyrische Balladen*], zusammen mit Wordsworth, veröffentlicht. Darin eines seiner bekanntesten Gedichte: »The Rime of the Ancyent Marinere« [›Das Lied vom alten Seemann‹]

Bricht mit Wordsworth und dessen Schwester Dorothy zu einer Deutschlandreise auf

1800 Übersetzung von Schillers *Piccolomini* und *Wallensteins Tod* u. d. T. *Wallenstein* veröffentlicht

Umzug mit seiner Familie nach Keswick im englischen Seengebiet

1800 Geburt des Sohnes Derwent

1801 Die zweite Auflage der *Lyrical Ballads* (1800), mit einem wichtigen dichtungstheoretischen Vorwort von Wordsworth, veröffentlicht

1802 Dritte Auflage der *Lyrical Ballads* veröffentlicht
Geburt der Tochter Sara

1804 Reise nach Malta, wo er die Position eines Privatsekretärs von Alexander Ball, des britischen Hochkommissars, bekleidet

1806 Über Italien Rückkehr nach England
Trennung von seiner Frau

1807 Begegnung mit Thomas De Quincy in Bristol

1808 Hält Vorlesungen über Dichtung und Geschmacksfragen an der »Royal Institution« in London
Verbringt einige Zeit bei den Wordsworths in Grasmere

1809 Gibt die kurzlebige Zeitschrift *The Friend* [*Der Freund*] heraus, die im Jahr 1818 in revidierter Form als Buch erscheint

1811-1812 Vorlesungen über Shakespeare, Milton und andere Dichter in London
Josiah Wedgwood kündigt seinen Anteil an den jährlichen finanziellen Zuwendungen an Coleridge

1813 Seine frühe Tragödie *Osorio* wird in einer revidierten Fassung u. d. T. *Remorse* [*Reue*] am Drury Lane-Theater aufgeführt
Trifft Madame de Staël
Vorlesungen über Shakespeare und Milton in Bristol

1815 Beginnt mit seiner philosophisch-literarästhetischen Schrift *Biographia Literaria. Biographical sketches of my literary life and opinions* [*Biographia Literaria. Biographische Skizzen meines Lebens und meine Ansichten als Schriftsteller*]

1816 In ärztlicher Behandlung bei Dr. James Gillman
Coleridge konsumierte über viele Jahre hinweg Opium in der Form von Laudanum, ab 1803 in hohen Dosen. Laudanum ist eine Tinktur aus Alkohol, Opium und Wasser
Das Gedicht »Kubla Khan, or, A Vision in a Dream. A fragment« [›Kubla Khan oder Eine Traumvision. Ein Fragment‹], das wahrscheinlich bereits im Jahre 1797 entstanden ist, veröffentlicht, zusammen mit »Christabel«, einer Fragment gebliebenen Verserzählung, deren beide Teile Coleridge in den Jahren

1797 und 1800 geschrieben hat, sowie »The Pains of Sleep« [›Die Qualen des Schlafes‹]

1817 *Biographia Literaria* und *Sibylline Leaves* [*Sibyllinische Blätter*] veröffentlicht

1818 Vorlesungen über Geschichte der Philosophie und Shakespeare

1825 Das philosophische Traktat *Aids to Reflection in the Formation of a Manly Character...* [*Erkenntnishilfen bei der Bildung eines mannhaften Charakters*] veröffentlicht

1828 *Poetical Works* [*Poetische Werke*] veröffentlicht

1829 *On the Constitution of the Church and State* [*Über die Verfassung von Kirche und Staat*] veröffentlicht

1831 Letztes Treffen mit Wordsworth

1833 *Poems* [*Gedichte*] veröffentlicht

1834 Stirbt am 25. Juli in Highgate.

GEORGE GORDON, LORD BYRON (1788-1824)

1788 Am 22. Januar in London geboren

1789 Die Mutter, Catherine, geb. Gordon of Gight, zieht mit dem Sohn um nach Aberdeen

1791 Der Vater, John Byron, stirbt in Frankreich

1792-1795 Byron besucht verschiedene Schulen in Aberdeen

1798 Nach dem Tode des 5. Lord Byron, seines Großonkels, erbt er den Titel (Baron Byron of Rochdale) und den Familiensitz Newstead Abbey in Nottinghamshire

1799 Besucht Dr. Glennies Schule in Dulwich

1801 Tritt in die »public school« von Harrow ein

1805 Immatrikulation am Trinity College, Cambridge

1806-1807 Seine erste Gedichtsammlung *Fugitive Pieces* [*Flüchtige Stücke*], in revidierter Form u. d. T. *Poems on Various Occasions* [*Gedichte zu verschiedenen Gelegenheiten*] wird schließlich als *Hours of Idleness* [*Mußestunden*] veröffentlicht

1808 Erwirbt den akademischen Grad eines M.A. und verläßt Cambridge

1809 Volljährig. Erhält einen Sitz im englischen Oberhaus

1809 *English Bards and Scotch Reviewers* [*Englische Barden und schottische Rezensenten*] veröffentlicht

1809-1811 Auf Reisen: Portugal, Spanien, Gibraltar, Malta, Albanien, Griechenland, Türkei
Die ersten beiden Gesänge von *Childe Harold's Pilgrimage* [*Knappe Harolds Pilgerfahrt*] entstehen

1810 Schwimmt durch den Hellespont, von Sestos nach Abydos

1811 Rückkehr nach England. Die Mutter stirbt

1812 Jungfernrede im Oberhaus
Die ersten beiden Gesänge von *Childe Harold's Pilgrimage* veröffentlicht

1813 *The Giaour* [*Der Giaour*] veröffentlicht
Trifft Madame de Staël
Beginnt eine Liaison mit seiner Halbschwester Augusta Leigh
The Bride of Abydos [*Die Braut von Abydos*] veröffentlicht

1814 *The Corsair* [*Der Korsar*] und *Lara* veröffentlicht

1815 Heiratet Annabella Milbanke
Begegnung mit Walter Scott
Hebrew Melodies [*Hebräische Melodien*] veröffentlicht
Tochter Ada geboren

1816 Lady Byron trennt sich von ihrem Mann
The Siege of Corinth [*Die Belagerung von Korinth*] und *Parisina* veröffentlicht
Byron verläßt England, wohin er nie mehr zurückkehren wird
Verbringt den Sommer in der Schweiz, häufig in Gesellschaft von Percey B. Shelley, Mary Shelley und Claire Clairmont
Reist im Herbst zusammen mit Hobhouse nach Italien und läßt sich in Venedig nieder
Der III. Gesang von *Childe Harold's Pilgrimage* und *The Prisoner of Chillon* [*Der Gefangene von Chillon*] veröffentlicht

1817 Allegra, Tochter von Byron und Claire Clairmont, geboren
Reise nach Rom
Manfred veröffentlicht
Newstead Abbey verkauft

1818 *Beppo* veröffentlicht

1818 Kontakte mit den Shelleys wiederaufgenommen, die inzwischen nach Italien gekommen sind

Der IV. Gesang von *Childe Harold's Pilgrimage* veröffentlicht

1819 *Mazeppa* veröffentlicht

Liaison mit Teresa Gräfin Guiccioli

Die ersten beiden Teile von *Don Juan* veröffentlicht

Siedelt nach Ravenna um

1820 Der Papst gibt dem Begehren Teresas, sich von ihrem Mann zu trennen, statt

Wachsendes Interesse Byrons an den Aktivitäten der Carbonari, die sich gegen die österreichische Herrschaft auflehnen

1821 Nach der Niederschlagung der Carbonari-Bewegung wird Teresas Familie, die Gambas, nach Pisa verbannt. Byron folgt ihnen dorthin, wo er auch die Shelleys wiedertrifft

Marino Faliero und *The Prophecy of Dante* [*Die Weissagung Dantes*] veröffentlicht

Die Teile III-V von *Don Juan* veröffentlicht

Sardanapalus, *The Two Foscari* [*Die beiden Foscari*] und *Cain* veröffentlicht

1822 Allegra stirbt

Percy B. Shelley ertrinkt während einer Bootsfahrt in der Bucht von La Spezia

Byron läßt sich in Genua nieder

The Vision of Judgement [*Die Vision des Jüngsten Gerichts*] und *Werner; or, the Inheritance* [*Werner oder das Erbe*] veröffentlicht

1823 Ins Komitee der Philhellenen in London aufgenommen

Die Gesänge VI-XIV von *Don Juan* veröffentlicht

Byron reist zusammen mit Pietro Gamba, Teresas Bruder, nach Griechenland, um den Freiheitskampf der Griechen gegen die Türken durch materielle Hilfe und persönlichen Einsatz zu unterstützen

1824 Ankunft in Missolonghi im Januar

Die Gesänge XV-XVI des *Don Juan* veröffentlicht

Erkrankt am 9. April an einer fiebrigen Erkältung, die falsch behandelt wird

Stirbt am 19. April

1824 Wird in Griechenland als Nationalheld gefeiert
Am 16. Juli in der Familiengruft in Hucknall Torkard Church, nahe Newstead Abbey, beigesetzt.

PERCY BYSSHE SHELLEY (1792–1822)

1792 Am 4. August als ältester Sohn von Timothy und Elizabeth Shelley, geb. Pilfold in Horsham (Sussex) geboren
Timothy Shelley ist Mitglied des Parlaments und ein Enkel von Bysshe Shelley, einem vermögenden Landbesitzer
1802-1804 Besucht die Syon House Academy in Isleworth
1804-1810 Besucht die »public school« in Eton
1810 *Zastrozzi* und *St Irvyne; or, The Rosicrucian* [*St. Irvyne oder der Rosenkreuzer*], zwei Schauerromane, veröffentlicht
Immatrikulation am University College, Oxford
Lernt Thomas Jefferson Hogg kennen
1811 *The Necessity of Atheism* [*Die Notwendigkeit des Atheismus*] veröffentlicht
Weil er sich weigert, Fragen im Zusammenhang mit der Publikation dieser Schrift zu beantworten, wird er gemeinsam mit T.J. Hogg vom College relegiert
Brennt mit der 16 Jahre alten Harriet Westbrook, Tochter eines Londoner Kaffeehausbesitzers, nach Schottland durch und heiratet sie am 29. August in Edinburgh
Läßt sich vorübergehend in Keswick im englischen Seengebiet nieder und trifft dort u.a. mit dem Dichter und Schriftsteller Robert Southey zusammen
1812 Greift mit verschiedenen Flugschriften in die politische Diskussion in Irland (Gleichstellung der Katholiken; Aufhebung des Unionsgesetzes) ein
Trifft Thomas Love Peacock und William Godwin
1813 *Queen Mab* [*Königin Mab*], eine ›philosphische Dichtung‹, als Privatdruck veröffentlicht
Geburt der Tochter Ianthe – Läßt sich in Bracknell nieder
1814 Das Traktat *A Refutation of Deism* [*Eine Widerlegung des Deismus*] veröffentlicht

1814 Verläßt England am 27. Juli zusammen mit Mary Wollstonecraft Godwin und Jane (>Claire<) Clairmont, Marys Stiefschwester, und unternimmt eine mehrmonatige Reise auf den Kontinent
Rückkehr nach England am 23. September
Charles, der erste Sohn aus seiner Ehe mit Harriet Westbrook, geboren

1815 Marys erstes Kind geboren, das zwei Wochen später stirbt
Shelley erhält nach dem Tode seines Großvaters eine jährliche Rente in Höhe von £ 1000

1816 Marys zweites Kind, William, geboren
Alastor, or The Spirit of Solitude [*Alastor oder Der Geist der Einsamkeit*] veröffentlicht
Reist zusammen mit Mary in die Schweiz
Begegnung mit Byron
Shelley schreibt die »Hymn to Intellectual Beauty« [>Hymne an die geistige Schönheit<] und »Mont Blanc«, Mary Godwin arbeitet an ihrem Roman *Frankenstein*, der 1818 erscheint
Im September Rückkehr nach England
Shelley freundet sich mit Leigh Hunt an
Fanny Imlay, Marys Halbschwester, begeht Selbstmord
Shelleys Ehefrau Harriet begeht Selbstmord
Heiratet Mary Godwin am 30. Dezember

1817 Shelley trifft Keats
Das Sorgerecht für seine beiden Kinder Ianthe und Charles wird ihm gerichtlich aberkannt
Geburt der Tochter Clara

1818 Eine revidierte Fassung von *Laon and Cythna* unter dem Titel *The Revolt of Islam* [*Der Aufstand des Islam*] veröffentlicht
Im März verläßt Shelley England, wohin er nicht mehr zurückkehren wird, und reist nach Italien
Besucht u. a. Venedig, Livorno, Lucca, Ferrara, Bologna, Rom
Clara stirbt
Lebt eine Weile in Neapel, wo die »Stanzas Written in Dejection« [>Stanzen geschrieben in Schwermut<] entstehen

1819 Besichtigt Paestum und Pompeji
Verläßt Neapel und nimmt vorübergehend seinen Wohnsitz in Rom, dann in Leghorn und Florenz

Der Sohn William stirbt

Schreibt die Blankverstragödie *The Cenci* und die politisch-satirische Dichtung »The Mask of Anarchy« [›Der Maskenzug der Anarchie‹], die erst 1832 veröffentlicht wird

Schreibt *Peter Bell the Third* [*Peter Bell der Dritte*], eine Wordsworth-Satire, 1839 veröffentlicht, und die »Ode to the West Wind« [›Ode an den Westwind‹]

Geburt des Sohnes Percy Florence

Vollendet *Julian and Maddalo*, 1824 publiziert, und *Prometheus Unbound* [*Der entfesselte Prometheus*], ein ›lyrisches Drama‹ in vier Akten

A Philosophical View of Reform [*Die Reform aus philosophischer Sicht*] entsteht

1820 Verlegt seinen Wohnsitz nach Pisa

Schreibt zahlreiche seiner bekanntesten Dichtungen, so z.B. »The Sensitive Plant« [›Die Mimose‹], »Ode to Liberty« [›Ode an die Freiheit‹], »To a Skylark« [›An eine Feldlerche‹], »The Witch of Atlas« [›Die Hexe des Atlas‹], »Ode to Naples« [›Ode an Neapel‹], etc.

Prometheus Unbound [*Der entfesselte Prometheus*] veröffentlicht

Freundet sich mit Emilia Viviani an

1821 Schreibt *A Defence of Poetry* [*Eine Verteidigung der Dichtung*], die erst 1840 erscheint

Adonais, eine Elegie auf den Tod von Keats, veröffentlicht

Epipsychidion anonym veröffentlicht

Besucht Byron in Ravenna

1822 *Hellas. A lyrical drama* [*Hellas. Ein lyrisches Drama*] veröffentlicht

Die Shelleys beziehen zusammen mit den Williamses die Casa Magni in San Terenzo bei Lerici

Die Versdichtung »The Triumph of Life« [›Der Triumph des Lebens‹], die fragmentarisch bleibt, entsteht

Shelley verunglückt am 8. Juli während der Fahrt von Leghorn nach Lerici mit seiner Segeljacht *Don Juan* und ertrinkt. Sein Leichnam wird am Strand verbrannt und die Asche übers Meer verstreut.

1795 Am 29. oder 31. Oktober 1795 als ältester Sohn von Thomas und Frances Keats, geb. Jennings, in Finsbury, damals ein Vorort Londons, geboren
Thomas Keats war in einer Mietsstallung tätig, wo man Pferde unterstellen und mieten konnte

1797 Geburt des Bruders George

1799 Geburt des Bruders Tom

1801 Geburt des Bruders Edward, der ein Jahr später verstirbt

1803 Geburt der Schwester Frances Mary (Fanny)
John Keats besucht die Rev. John Clarkes-Schule in Enfield
Lernt Charles Cowden Clarke kennen

1804 Der Vater stirbt an den Folgen eines Reitunfalls
Die Mutter heiratet William Rawlings
Die Kinder werden zu den Großeltern mütterlicherseits, John und Alice Jennings, nach Enfield gebracht

1805 Nach dem Tode des Großvaters finden die Kinder zusammen mit der Großmutter eine neue Bleibe in Lower Edmonton

1808 Nach der Trennung von ihrem zweiten Mann kehrt die Mutter zu den Kindern zurück

1810 Die Mutter stirbt an Tuberkulose
Die Kinder werden unter Vormundschaft gestellt

1811 Keats verläßt die Schule und beginnt eine Lehre bei dem Arzt Dr. Hammond

1813-1814 Erste dichterische Versuche, u.a. entsteht »Imitation of Spenser« [›Spenser-Imitation‹]

1814 Tod der Großmutter, Alice Jennings
Richard Abbey wird alleiniger Vormund der Kinder

1815 Beginnt am Guy's Hospital, London, eine medizinische Ausbildung

1816 Nach bestandenem Examen erhält Keats die Zulassung als Wundarzt und Apotheker. Er hat den Beruf jedoch nie ausgeübt
Lernt den Maler und späteren Freund Joseph Severn kennen
Bricht seine Ausbildung ab und beschließt, Dichter zu werden

1817 Läßt sich mit seinen Brüdern in Hampstead nieder

Sieht die »Elgin Marbles« im Britischen Museum

Erster Gedichtband (*Poems*) veröffentlicht

Beschäftigt sich eingehend mit Shakespeare

Schließt u. a. Freundschaft mit Benjamin Bailey, Charles A. Brown und Charles Dilke

»Isabella or the Pot of Basil« [›Isabella oder der Basilikumtopf‹], eine Nachdichtung von Boccaccios *Decamerone*, IV, 5, entsteht

1818 Hört William Hazlitts Vorlesungen über englische Dichter, die später u. d. T. *Lectures on the English Poets* erschienen

Die Versdichtung *Endymion*, die von der Kritik unfreundlich aufgenommen wird, veröffentlicht

Wanderung mit Charles A. Brown durch den Lake District und Schottland

Pflegt seinen schwer erkrankten Bruder Tom, der noch im gleichen Jahr an Tuberkulose stirbt

Lernt Fanny Brawne kennen

Zieht mit Brown nach Wentworth Place, Hampstead

1819 Keats' »annus mirabilis«: »The Eve of St Agnes« [›Der St.-Agnes-Abend‹] und »The Eve of St Mark« [›Der St.-Markus-Abend‹] entstehen

Schreibt die großen Oden und »La Belle Dame sans Merci«, arbeitet an »The Fall of Hyperion« [›Der Fall des Hyperion‹] und »Lamia« sowie an den Tragödien *Otho the Great* [*Otho der Große*] und *King Stephen* [*König Stephen*]

Verlobt sich am Ende des Jahres – inoffiziell – mit Fanny Brawne

1820 Die Anzeichen einer Erkrankung Keats' an Tuberkulose mehren sich

Umzug nach Kentish Town

Lamia, Isabella, The Eve of St Agnes, and other Poems veröffentlicht

Begibt sich auf Anraten seines Arztes, in Begleitung seines Freundes, des Malers Joseph Severn, nach Italien, wohin ihn auch Percy B. Shelley eingeladen hat

Nach mehrtägiger Quarantäne im Hafen von Neapel Reise nach

Rom, wo Keats und Severn eine Unterkunft an der Piazza di Spagna, Nr. 26, beziehen

1821 John Keats stirbt am 23. Februar gegen 23 Uhr und wird drei Tage später auf dem Protestantischen Friedhof von Rom beigesetzt

Für seinen Grabstein hatte er die Worte gewählt: »Here lies one whose name was writ in water« [›Hier ruht einer, dessen Name ins Wasser geschrieben wurde‹].

Ausgewählte Bibliographien

WILLIAM BLAKE

BIBLIOGRAPHIEN, FORSCHUNGSBERICHTE UND NACHSCHLAGEWERKE:
A Concordance to the Writings of William Blake, ed. David v. Erdman, 2 vols., Ithaca (New York) 1967. – Bentley, G.E., Jr.: *Blake Books. Annotated catalogues of William Blake's Writings in illuminated printing, in conventional typography and in manuscript and reprints thereof; reproductions of his designs; books with his engravings; catalogues; books he owned; and scholarly and critical works about him*, Oxford 1977. Supplement, Oxford 1988. – Natoli, Joseph P.: *Twentieth-Century Blake Criticism. Northrop Frye to the present*, New York/London 1982. – Johnson, Mary L.: William Blake, in: *The English Romantic Poets. A review of research and criticism*, ed. Frank Jordan, New York [4]1985, pp. 113-253.

WERKAUSGABEN. BRIEFE: *The Letters of William Blake, with Related Documents*, ed. Geoffrey Keynes, Oxford [3]1980 [1956]. – *The Complete Poetry and Prose of William Blake*. Newly rev. ed., ed. David V. Erdman. Commentary by Harold Bloom, New York/London 1988 [1965]. – *William Blake's Writings*, ed. Gerald E. Bentley, Jr., 2 vols., Oxford 1978.

BIOGRAPHIEN: Gilchrist, Alexander: *The Life of William Blake*, ed. W. Graham Robertson, London/New York 1907 [1863]. – Wilson, Mona: *The Life of William Blake. A new edition*, ed Geoffrey Keynes, London 1971 [1927]. – King, James: *William Blake. His life*, London 1991. – Ackroyd, Peter: *Blake*, London 1995.

SEKUNDÄRLITERATUR: Schorer, Mark: *William Blake. The politics of vision*, New York 1946. Repr. 1959. – Frye, Northrop: *Fearful Symmetry. A study of William Blake*, Princeton 1947. – Keynes, Geoffrey: *Blake Studies. Essays on his life and work*, London 1949. Rev. and enl. [2]1971. – Bottrall, Margaret: *The Divine Image. A study of Blake's interpretation of Christianity*, Roma 1950. – Erdman, David V.: *Blake, Prophet Against Empire. A poet's interpretation of the history of his own times*, Princeton 1954, [3]1977. – Gardner, Stanley: *Infinity on the Anvil. A critical study of Blake's poetry*, Oxford 1954. Repr. 1965. – Gleckner, Robert F.: *The Piper and the Bard*, Detroit

1959. – Fisher, Peter F.: *The Valley of Vision. Blake as prophet and revolutionary*, ed. Northrop Frye, Toronto 1961. – Adams, Hazard: *Blake as prophet and revolutionary*, ed. Northrop Frye, Toronto 1961. – Adams, Hazard: *William Blake. A reading of the shorter poems*, Seattle 1963. – Bloom, Harold: *Blake's Apocalypse. A study in poetic argument*, London 1963, rev. 1970. – Hirsch, E.D., Jr.: *Innocence and Experience. An introduction to Blake*, New Haven/London 1964. – Keynes, Geoffrey: *A Study of the Illuminated Books of William Blake. Poet – printer – prophet*, London 1965. – Beer, John: *Blake's Humanism*, Manchester/New York 1968. – Gardner, Stanley: *Blake*, London 1968. – Holloway, John: *Blake. The lyric poetry*, London 1968. – Lister, Raymond: *William Blake. An introduction to the man and his work*, London 1968. – Bentley, G.E., Jr.: *Blake Records*, Oxford 1969. – Raine, Kathleen: *Blake and Tradition*, 2 vols., London/Princeton 1969. – Paley, Morton D.: *Energy and the Imagination. A study of the development of Blake's thought*, Oxford 1970. – Nurmi, Martin K.: *William Blake*, London 1975. – Bindman, David: *Blake as an Artist*, Oxford 1978. – Paley, Morton D.: *William Blake*, Oxford 1978. – Damrosch, Leopold, Jr.: *Symbol and Truth in Blake's Myth*, Princeton (New Jersey) 1980. – Hilton, Nelson: *Literal Imagination. Blake's vision of words*, Berkeley/London 1983. – Ferber, Michael: *The Social Vision of William Blake*, Princeton (New Jersey) 1985. – Larrissy, Edward: *William Blake*, Oxford 1985. – Fuller, David: *Blake's Heroic Argument*, London 1988. – Vine, Steven: *Blake's Poetry. Spectral visions*, London 1993. – Bruder, Helen P.: *William Blake and the Daughters of Albion*, London 1997.

WILLIAM WORDSWORTH

BIBLIOGRAPHIEN, FORSCHUNGSBERICHTE UND NACHSCHLAGEWERKE:
A Concordance to the Poems of William Wordsworth..., ed. Lane Cooper, London 1911, repr. New York 1965. – Kroeber, Karl: William Wordsworth, in: *The English Romantic Poets. A review of research and criticism*, ed. Frank Jordan et al., New York [4]1985, pp. 225-339. – Kroeber, Karl und Mark Jones: *Wordsworth Scholar-*

*ship and Criticism, 1973-1984. An annotated bibliography, with se-
lected criticism, 1809-1972,* New York 1985.

WERKAUSGABEN. BRIEFE: *The Poetical Works of William Words-
worth, ed. from the manuscripts, with textual and critical notes,* by Er-
nest de Selincourt and Helen Darbishire, 5 vols., Oxford 1941-49,
Rev. ed., 1952-59. – *The Poems,* ed. John O. Hayden, 2 vols., Har-
mondsworth 1977, repr. New Haven (Connecticut) 1981. – *The Pre-
lude 1799, 1805, 1850. Authoritative texts, context and reception, re-
cent critical essays,* edd. Jonathan Wordsworth, M.H. Abrams, and
Stephen Gill, New York/London 1979. – *Letters of William Words-
worth. A new selection,* ed. Alan G. Hill, Oxford 1984. – *William
Wordsworth,* ed. Stephen Gill, Oxford/New York 1984.

BIOGRAPHIEN: Moorman, Mary: *William Wordsworth. A biogra-
phy: the early years, 1770-1803,* Oxford 1957. – Moorman, Mary:
William Wordsworth. A biography: the later years, 1803-1850, Ox-
ford 1965. – Gill, Stephen: *William Wordsworth. A life,* Oxford/New
York 1989. – Williams, John: *William Wordsworth. A literary life,*
London 1996.

SEKUNDÄRLITERATUR: Bateson, F.W.: *Wordsworth. A re-interpre-
tation,* London 1954, [2]1956. – Jones, John: *The Egotistical Sublime. A
history of Wordsworth's imagination,* London 1954, repr. 1964. –
Ferry, Frederick: *The Limits of Mortality. An essay on Wordsworth's
major poems,* Middletown (Connecticut) 1959, repr. 1965. – Danby,
John F.: *The Simple Wordsworth. Studies in the poems 1979-1807,*
London 1960, repr. 1968. – Hartman, Geoffrey *Wordsworth's Poetry
1787-1814,* New Haven (Connecticut)/London 1964, [2]1971. – Per-
kins, David: *Wordsworth and the Poetry of Sincerity,* Cambridge
(Massachusetts) 1964. – Woodring, Carl: *Wordsworth,* Boston 1965,
repr. Cambridge (Massachusetts) 1968. – Purkis, John: *A Preface to
Wordsworth,* London 1970. – Noyes, Russell: *William Wordsworth,*
New York 1971. – Beer, John: *Wordsworth and the Human Heart,*
New York 1978. – Sherry, Charles: *Wordsworth's Poetry of the Im-
agination,* Oxford 1980. – Simpson, David: *Wordsworth and the
Figurings of the Real,* London 1982. – Watson, J.R.: *Wordsworth's Vi-
tal Soul. The sacred and profane in Wordsworth's poetry,* London
1982. – Wordsworth, Jonathan: *William Wordsworth. The borders of
vision,* Oxford 1982. – Pinion, F.B.: *A Wordsworth Companion. Sur-*

vey and assessment, London 1984. – Levinson, Marjorie: *Words-worth's Great Period Poems. Four essays*, Cambridge 1986. – Turner, John: *Wordsworth: Play and Politics. A study of Wordsworth's poetry, 1787-1800*, Basingstoke 1986. – Kelley, Theresa M.: *Wordsworth's Revisionary Aesthetics*, Cambridge 1988. – Magnuson, Paul: *Coleridge and Wordsworth. A lyrical dialogue*, Princeton (New Jersey) 1988. – Bialostosky, Don H.: *Wordsworth, Dialogics, and the Practice of Criticism*, Cambridge 1992. – Page, Judith W.: *Wordsworth and the Cultivation of Women*, Berkeley/London 1994. – Baron, Michael: *Language and Relationship in Wordsworth's Writing*, London/New York 1995.

SAMUEL TAYLOR COLERIDGE

BIBLIOGRAPHIEN, FORSCHUNGSBERICHTE UND NACHSCHLAGEWERKE: *A Concordance to the Poetry of Samuel Taylor Coleridge*, ed. Eugenia Logan, St.-Mary-of-the-Woods (Indiana) 1940. Repr. Gloucester (Massachusetts) 1967. – Milton, Mary L. T.: *The Poetry of Samuel Taylor Coleridge. An annotated bibliography of criticism, 1935-1970*, New York/London 1981. – *Samuel Taylor Coleridge. An annotated bibliography of criticism and scholarship.* Vol. I: 1793-1899. edd. Richard and Josephine Haven, Maurianne Adams, Boston/London 1976; vol. II: 1900-1939 (with additional entries for 1795-1899), edd. Walter B. Crawford and Edward S. Lauterbach with the assistance of Ann M. Crawford, Boston (Massachusetts) 1983. – Schulz, Max F.: Samuel Taylor Coleridge, in: *The English Romantic Poets. A review of research and criticism*, ed. Frank Jordan, New York [4]1985, pp. 341-463.

WERKAUSGABEN, BRIEFE: *Biographia Literaria*, ed. J. Shawcross, 2 vols., Oxford 1907, rev. 1954. – *Collected Letters of Samuel Taylor Coleridge*, ed. E. Leslie Griggs, 6 vols., Oxford 1956-1971. – *The Notebooks of Samuel Taylor Coleridge*, ed. Kathleen Coburn, vol. 1 seqq., London 1957 seqq. – *The Collected Works of Samuel Taylor Coleridge.* Gen. ed.: Kathleen Coburn, vol. 1 seqq., 1969 seqq. – *Samuel Taylor Coleridge*, ed. H. J. Jackson, Oxford/New York 1985, repr. 1992.

BIOGRAPHIEN: Chambers, E. K.: *Samuel Taylor Coleridge. A biographical study*, Oxford 1938, rev. 1950. Repr. 1978. – Bate, Walter J.:

Coleridge, London 1968. – Cornwell, John: *Coleridge. Poet and revolutionary, 1772-1804. A critical biography*, London 1973. – Ashton, Rosemary: *The Life of Samuel Taylor Coleridge. A critical biography*, Oxford 1996.

SEKUNDÄRLITERATUR: Lowes, John L.: *The Road to Xanadu. A study in the ways of the imagination*, Boston/New York 1927, ²1930. Repr. Princeton 1986. – Bodkin, Maud: *Archetypal Patterns in Poetry. Psychological studies of imagination*, London 1934. – Richards, I.A.: *Coleridge and Imagination*, London 1934, rev 1950. Repr. Bloomington (Indiana) 1960. – House, Humphry: *Coleridge. The Clark lectures 1951-52*, London 1953. Repr. 1969. – Colmer, John: *Coleridge. Critic of society*, Oxford 1959. – Woodring, Carl R.: *Politics in the Poetry of Coleridge*, Madison (Wisconsin) 1961. – Fogle, Richard H.: *The Idea of Coleridge's Criticism*, Berkeley/Los Angeles 1962. – Schulz, Max F.: *The Poetic Voices of Coleridge. A study of his desire for spontaneity and passion for order*, Detroit 1964. – Suther, Marshall: *Visions of Xanadu*, New York/London 1965. – Adair, Patricia M.: *The Waking Dream. A study of Coleridge's poetry*, London 1967. – Jackson, J.R. de J.: *Method and Imagination in Coleridge's Criticism*, Cambridge (Massachusetts)/London 1969. – McFarland, Thomas: *Coleridge and the Pantheist Tradition*, Oxford/New York 1969. – Abrams, M.H.: *Natural Supernaturalism. Tradition and revolution in romantic literature*, New York 1971. – Fruman, Norman: *Coleridge, the Damaged Archangel*, New York 1971. – Barfield, Owen: *What Coleridge Thought*, London 1972. – Willey, Basil: *Samule Taylor Coleridge*, London 1972. – Magnuson, Paul: *Coleridge's Nightmare Poetry*, Charlottesville 1974. – Coburn, Kathleen: *In Pursuit of Coleridge*, London 1977. – Hamilton, Paul: *Coleridge's Poetics*, Oxford 1983. – Hill, John S.: *A Coleridge Companion. An introduction to the major poems and the »Biographia Literaria«*, London 1983. – Modiano, Raimonda: *Coleridge and the Concept of Nature*, London 1985. – Taylor, Anya: *Coleridge's Defense of the Human*, Columbus (Ohio) 1986. – Magnuson, Paul: *Coleridge and Wordsworth. A lyrical dialogue*, Princeton 1988. – Stillinger, Jack: *Coleridge and Textual Instability. The multiple versions of the major poems*, New York/Oxford 1994. – Paley, Morton D.: *Coleridge's Later Poetry*, Oxford 1997.

BIBLIOGRAPHIEN, FORSCHUNGSBERICHTE UND NACHSCHLAGEWERKE: Ellis, F.S.: *A Lexical Concordance to the Poetical Work of Percy Bysshe Shelley*, London 1892. Repr. Tokio 1963. – Curran, Stuart: Percy Bysshe Shelley, in: *The English Romantic Poets. A review of research and ciriticism*, ed. Frank Jordan, New York [4]1985, pp. 593-663. – Engelbert, Karsten K.: *The Making of the Shelley Myth. An annotated bibliography of criticism of Percy Bysshe Shelley, 1822-1860*, Lund 1988.

WERKAUSGABEN. BRIEFE: *The Complete Works of Percy Bysshe Shelley*, edd. Roger Ingpen and Walter E. Peck, 10 vols., New York 1927-1930. Repr. 1965. – *The Letters of Percy Bysshe Shelley*, ed. Frederick L. Jones, 2 vols., Oxford 1964. – *Shelley's Poetry and Prose*, edd. Donald H. Reiman and Sharon B. Powers, New York/London 1977. – *The Poems of Shelley*. Vol. I: 1804-1817, edd. Geoffrey Matthews and Kelvin Everest, London/New York 1989. – *The Prose Works of Percy Bysshe Shelley*, ed. E.B. Murray, vol. I, Oxford 1993.

BIOGRAPHIEN: White, Newman I.: *Shelley*, 2 vols., London 1947 [1940]. – Blunden, Edmund: *Shelley. A life story*, London 1946. Deutsch von Irmgard Kutscher und Karl Bahnmüller unter dem Titel: *Shelley*, Düsseldorf/Frankfurt/M. 1948. – Fuller, Jean O.: *Shelley. A biography*, London 1968. – O'Neill, Michael: *Percy Bysshe Shelley. A literary life*, London 1989.

SEKUNDÄRLITERATUR: Grabo, Carl: *The Magic Plant. The growth of Shelley's thought*, Chapel Hill (North Carolina) 1936. – Leavis, F.R.: Shelley, in: *Revaluation. Tradition & development in English poetry*, London 1956 [1936], pp. 203-240. – Baker, Carlos: *Shelley's Major Poetry. The fabric of a vision*, Princeton 1948 u.ö. – Clemen, Wolfgang: *Shelleys Geisterwelt. Eine Studie zum Verständnis Shelleyscher Dichtung*, Frankfurt/M. 1948. – Fogle, Richard H.: *The Imagery of Keats and Shelley. A comparative study*, Chapel Hill (North Carolina) 1949. Repr. 1969. – Cameron, Kenneth N.: *The Young Shelley. Genesis of a radical*, London 1951. Repr. 1962. – Rogers, Neville: *Shelley at Work. A critical inquiry*, Oxford 1956, rev. 1967. – Bloom, Harold: *Shelley's Mythmaking*, New Haven 1959. – Wasserman, Earl: *The Subtler Language. Critical readings of neoclassic and romantic poems*, Baltimore 1959. Repr. 1968. – Bloom, Harold: *The Visionary Company. A reading of English romantic poetry*, Garden City (New York) 1961, pp. 275-353. – Schulze, Earl J.: *Shelley's Theory of Poetry. A reappraisal*, The Hague 1966. – Reiter, Seymour: *A Study of Shelley's Poetry*, New Mexico 1967. – Guinn, John P.: *Shelley's Political Thought*, The Hague 1968. – McNiece, Gerald: *Shelley and the Revolutionary Idea*, Cambridge (Massachusetts) 1969. – Reiman, Donald H.: *Percy Bysshe Shelley*, New York 1969. – Wasserman, Earl R.: *Shelley. A critical reading*, Baltimore/London 1971. – Chernaik, Judith: *The Lyrics of Shelley*, Cleveland/London 1972. – Curran, Stuart: *Shelley's Annus Mirabilis. The maturing of an epic vision*, San Marino (California) 1975. – Webb, Timothy: *Shelley. A voice not understood*, Manchester 1977. – Dawson, P.M.S.: *The Unacknowledged Legislator. Shelley and politics*, Oxford 1980. – Hall, Jean: *The Transforming Image. A study of Shelley's major poetry*, Urbana (Illinois) 1980. – Cronin, Richard: *Shelley's Poetic Thoughts*, London 1981. – Scrivener, Michael H.: *Radical Shelley. The philosophical anarchism and utopian thought of Percy Bysshe Shelley*, Princeton (New Jersey), 1982. – Keach, William: *Shelley's Style*, New York/London 1984. – Leighton, Angela: *Shelley and the Sublime. An interpretation of the major poems*, Cambridge 1984. – Duerksen, Roland A.: *Shelley's Poetry of Involvement*, London 1988. – Sperry, Stuart M.: *Shelley's Major Verse. The narrative and dramatic poetry*, Cambridge (Massachusetts)/London 1988. – O'Neill, Michael: *The Human Mind's Imaginings. Conflict and achievement in Shelley's poetry*, Oxford 1989. – Gelpi, Barbara C.: *Shelley's Goddess. Maternity, language, subjectivity*, Oxford 1992. – Weisman, Karen A.: *Imageless Truths. Shelley's poetic fictions*, Philadelphia 1994. – Haines, Simon: *Shelley's Poetry. The divided self*, Basingstoke/London 1997.

GEORGE GORDON, LORD BYRON

BIBLIOGRAPHIEN, FORSCHUNGSBERICHTE UND NACHSCHLAGEWERKE:
Coleridge, Ernest H.: A Bibliography of the Successive Editions and Translations of Lord Byron's »Poetical Works«, in: *The Works of Lord Byron. A new, rev. and enl. ed., with illustrations*, ed. Ernest H.

Coleridge, vol. 7, London 1904, pp. 89-348. – Wise, Thomas J.: *A Bibliography of the Writings in Verse and Prose of George Gordon Noel, Baron Byron...*, 2 vols., London 1933. Repr. London 1963. *A Concordance to the Poetry of Byron*, ed. Ione D. Young, 4 vols., Austin (Texas) 1975 [1966]. – Santucho, Oscar J.: *George Gordon, Lord Byron. A comprehensive bibliography of secondary materials in English 1807-1974*, Metuchen (New Jersey) 1977. – Clubbe, John: George Gordon, Lord Byron, in: *The English Romantic Poets. A review of research*, ed. Frank Jordan, New York ⁴1985, pp. 465-592.

WERKAUSGABEN. BRIEFE: Lord Byron: *The Complete Poetical Works*, ed. Jerome J. Mc Gann, 7 vols., Oxford 1980-1993. – Lord Byron: *The Complete Miscellaneous Prose*, ed. Andrew Nicholson, Oxford 1991. – *Byron's Letters and Journals*, ed. Leslie A. Marchand, 12 vols., London 1974-1982.

BIOGRAPHIEN: Marchand, Leslie A.: *Byron. A biography*, 3 vols., New York 1957. – Parker, Derek: *Byron and his World*, London 1968. – Marchand, Leslie A.: *Byron. A portrait*, London 1971. – Foot, Michael: *The Politics of Paradise. A vindication of Byron*, London 1988. – Grosskurth, Phyllis: *Byron. The flawed angel*, London 1997.

SEKUNDÄRLITERATUR: Richter, Helene: *Lord Byron. Persönlichkeit und Werk*, Halle (Saale) 1929. – Calvert, William J.: *Byron. Romantic paradox*, Chapel Hill (North Carolina) 1935. Repr. New York 1962. – Marjarum, Edward W.: *Byron as Skeptic and Believer*, New York 1938. Reiss. 1962. – Origo, Iris: *The Last Attachment. The story of Byron and Teresa Guiccioli as told in their unpublished letters and other family papers*, London 1949. – Escarpit, Robert: *Lord Byron. Un tempérament littéraire*, 2 vols., Paris 1955-57. – Rutherford, Andrew: *Byron. A critical study*, Stanford (California) 1961. – Marshall, William H.: *The Structure of Byron's Major Poems*, Philadelphia 1962. – Thorslev, Peter L., Jr.: *The Byronic Hero. Types and prototypes*, Minneapolis (Minnesota)/London 1962. – Joseph, M. K.: *Byron the Poet*, London 1964. – Marchand, Leslie A.: *Byron's Poetry. A critical introduction*, Boston/London 1965, repr. 1968. – Gleckner, Robert F.: *Byron and the Ruins of Paradise*, Baltimore 1967. – McGann, Jerome J.: *Fiery Dust. Byron's poetic development*, Chicago/London 1968. – Cooke, M. G.: *The Blind Man Traces the Circle. On the pat-*

terns and philosophy of Byron's poetry. Princeton 1969. – Blackstone, Bernard: *Byron. A survey*, London 1975. – Bremen, Thilo von: *Lord Byron als Erfolgsautor. Leser und Literaturmarkt im frühen 19. Jahrhundert*, Wiesbaden 1977. – Trueblood, Paul G.: *Lord Byron*, Boston 1977. – Lessenich, Rolf P.: *Lord Byron and the Nature of Man*, Köln 1978. – Manning, Peter J.: *Byron and his Fictions*, Detroit 1978. – *Byron's Political and Cultural Influence in Nineteenth-Century Europe. A symposium*, ed. Paul G. Trueblood, London 1981. – Martin, Philip W.: *Byron. A poet before his public*, Cambridge 1982. – Hoffmeister, Gerhart: *Byron und der europäische Byronismus*, Darmstadt 1983. – Beaty, Frederick L.: *Byron the Satirist*, DeKalb (Illinois) 1985. – Storey, Mark: *Byron and the Eye of Appetite*, London 1986. – Corbett, Martyn: *Byron and Tragedy*, London 1988. – Garber, Frederick: *Self, Text, and Romantic Irony. The example of Byron*, Princeton 1988. – *Approaches to Teaching Byron's Poetry*, ed. Frederick W. Shilstone, New York 1991. – Lansdown, Richard: *Byron's Historical Dramas*, Oxford 1992. – Christensen, Jerome: *Lord Byron's Strength. Romantic writing and commercial society*, Baltimore/London 1993.

JOHN KEATS

BIBLIOGRAPHIEN, FORSCHUNGSBERICHTE UND NACHSCHLAGEWERKE: Viebrock, Helmut: *John Keats*, Darmstadt 1977. – *A Concordance to the Poems of John Keats*, ed. Michael G. Becker et al., New York/London 1981. – Hearn, Ronald B. et al.: *Keats Criticism since 1954. A bibliography*, Salzburg 1981. – Rhodes, Jack W.: *Keat's Major Odes. An annotated bibliography of the criticism*, Westport (Connecticut) 1984. – Stillinger, Jack: John Keats, in: *The English Romantic Poets. A review of research and criticism*, ed. Frank Jordan, New York [4]1985, pp. 665-718.

WERKAUSGABEN. BRIEFE: *The Odes of Keats*, ed. Robert Gittings, London 1970. – *The Poems of John Keats*, ed. Miriam Allott, London 1970, 3rd ed., with corrections, 1975. – *The Poems of John Keats*, ed. Jack Stillinger, Boston/London 1978. – *John Keats*, ed. Elizabeth Cook, Oxford 1990. – *The Letters of John Keats, 1814-1821*, 2 vols., ed. Hyder E. Rollins, Cambridge (Massachusetts) 1958. – *Letters of*

John Keats. A new selection, ed. Robert Gittings, London 1970, rev. 1975.

BIOGRAPHIEN: Bate, Walter J.: *John Keats*, Cambridge (Massachusetts) 1963. – Ward, Aileen: *John Keats. The making of a poet*, London 1963, rev. ed. New York 1986. – Gittings, Robert: *John Keats*, London 1968. – Coote, Stephen: *John Keats. A life*, London 1995.

SEKUNDÄRLITERATUR: Garrod, H.W.: *Keats*, Oxford 1926, [2]1939, repr. 1957. – Ridley, M.R.: *Keat's Craftsmanship. A study in poetic development*, Oxford 1933, repr. Lincoln (Nebraska) 1963. – Finney, Claude L.: *The Evolution of Keat's Poetry*, 2 vols., Cambridge (Massachusetts) 1936, repr. New York 1963. – Bate, Walter J.: *The Stylistic Development of Keats*, New York 1945, repr. London 1958. – Wasserman, Earl R.: *The Finer Tone. Keats' major poems*, Baltimore 1953. – Pettet, E.C.: *On the Poetry of Keats*, Cambridge 1957. – *John Keats. A reassessment*, ed. Kenneth Muir, Liverpool 1958. – Schlüter, Kurt: *Die englische Ode. Studien zu ihrer Entwicklung unter dem Einfluß der antiken Hymne*, Bonn 1964. – Bush, Douglas: *John Keats. His life and writings*, London 1966. – Jack, Ian: *Keats and the Mirror of Art*, Oxford 1967. – Dickstein, Morris: *Keats and his Poetry. A study in development*, Chicago/London 1971. – Sperry, Stuart M.: *Keats the Poet*, Princeton (New Jersey) 1973. – Ricks, Christopher: *Keats and Embarrassment*, Oxford 1974. – Ende, Stuart A.: *Keats and the Sublime*, New Haven/London 1976. – Ryan, Robert M.: *Keats. The religious sense*, Princeton (New Jersey) 1976. – Sharp, Ronald A.: *Keats, Scepticism, and the Religion of Beauty*, Athens (Georgia) 1979. – Vendler, Helen: *The Odes of John Keats*, Cambridge (Massachusetts) 1983. – Pollard, David: *The Poetry of Keats. Language & experience*, Brighton/Totowa (New Jersey) 1984. – Waldoff, Leon: *Keats and the Silent Work of the Imagination*, Urbana (Illinois)/Chicago 1985. – Barnard, John: *John Keats*, Cambridge 1987. – Levinson, Marjorie: *Keat's Life of Allegory. The origins of a style*, Oxford 1988. – Stone, Brian: *The Poetry of Keats*, London 1992. – Brotemarkle, Diane: *Imagination and Myths in John Keat's Poetry*, San Francisco 1993. – *Keats. Bicentenary readings*, ed. Michael O'Neill, Edinburgh 1997. – Roe, Nicholas: *John Keats and the Culture of Dissent*, Oxford 1997.

Nachweis der Gedichte

Es werden folgende Siglen verwandt:

BERNUS
Shelley, Percy Bysshe:
Gedichte. Übertr. von Alexander von Bernus, Walter Schmiele, Rudolf Borchardt und Felix Braun, Heidelberg: Lambert Schneider 1958.

BH
Shelley, Percy B.:
Das brennende Herz. [Einleitung und Auswahl aus dem Werk von Wolfgang Koeppen; verschiedene Übersetzer], München u.a.: Kurt Desch 1958.

Die Übersetzungen stammen von: Rudolf Borchardt, Bertolt Brecht, Fritz Diettrich, Albert Hess, Julius Seyot, Adolf Strodtmann, Alfred Wolfenstein, Fritz Ernst.

BÖTTGER
Böttger, Adolf:
Byron's sämmtliche Werke, vol. 8. Sechste, rev. und verb. Aufl., Leipzig: Otto Wigand 1864 [1841].

CLEMEN
Shelley/Keats:
Oden und Hymnen. Übers. von Ursula Clemen, München-Pasing: Filser 1949.

DSG
Ein Ding von Schönheit ist ein Glück auf immer. Gedichte der englischen und schottischen Romantik. Englisch und deutsch, ed. Horst Höhne, Wiesbaden: Fourier 1980.

FEIST
Feist, Hans:
Ewiges England. Dichtung aus sieben Jahrhunderten. Von Chaucer

bis Eliot, Englisch und deutsch, Zürich: Amstutz, Herdeg & Co. 1945.

GILDEMEISTER
Lord Byron's Werke. Übers. von Otto Gildemeister, 6 vols., Berlin: Georg Reimer 1864-1865.

GOLDSCHEIDER
Die schönsten Gedichte der Weltliteratur. Ein Hausbuch der Weltlyrik von den Anfängen bis heute. Gesammelt und geordnet von Ludwig Goldscheider, Wien: Phaidon 1936.

GOTHEIN
Gothein, Marie:
William Wordsworth. Sein Leben, seine Werke, seine Zeitgenossen. Vol. II, Halle a.d.S.: Max Niemeyer 1893.

HÖHNE
Shelley, Percy Bysshe:
Ausgewählte Werke. Dichtung und Prosa, ed. und mit einer Einführung versehen von Horst Höhne, Leipzig: Insel 1985.

SCHMITZ
George Gordon, Lord Byron, *Sämtliche Werke*, [verschiedene Übersetzer], ed. Siegfried Schmitz, 3 vols., München: Winkler 1977-1978.

SCHÜCKING
Englische Gedichte aus sieben Jahrhunderten. Englisch-deutsch, ed. Levin L. Schücking, Bremen: Carl Schünemann o.J. [1956].

WILLIAM BLAKE

Die Übersetzungen der Gedichte stammen aus der Feder von Walter Wilhelm und sind der folgenden Ausgabe entnommen: William Blake, *Lieder der Unschuld und Erfahrung*, ed. Werner Hofmann, Frankfurt/M.: Insel 1975. (= insel taschenbuch 116).

Lieder der Unschuld [*Songs of Innocence*]:

›Das klingende Grün‹ [»The Ecchoing Green«], pp. 66-67. – ›Das Lamm‹ [»The Lamb«], pp. 67-68. – ›Der kleine schwarze Knabe‹ [»The Little Black Boy«], pp. 68-69. – ›Die Blüte‹ [»The Blossom«], p. 69. – ›Der Schornsteinfeger‹ [»The Chimney Sweeper«], p. 70. – ›Der kleine verlorene Junge‹ [»The Little Boy Lost«], p. 71. – ›Der kleine wiedergefundene Junge‹ [»The Little Boy Found«], p. 71. – ›Das göttliche Ebenbild‹ [»The Divine Image«], pp. 73-74. – ›Himmelfahrt‹ [»Holy Thursday«], pp. 74-75. – ›Kindchen Freude‹ [»Infant Joy«], pp. 78-79. – ›Auf fremden Kummer‹ [»On Anothers Sorrow«], pp. 80-81.

Lieder der Erfahrung [*Songs of Experience*]:

›Himmelfahrt‹ [»Holy Thursday«], pp. 84-85. – ›Das kleine verlorene Mädchen‹ [»The Little Girl Lost«], pp. 85-87. – ›Das kleine wiedergefundene Mädchen‹ [»The Little Girl Found‹], pp. 87-89. – ›Der Schornsteinfeger‹ [»The Chimney Sweeper«], p. 89. – ›Die kranke Rose‹ [»The Sick Rose«], p. 90. – ›Die Fliege‹ [»The Fly«], pp. 90-91. – ›Der Tiger‹ [»The Tyger«], pp. 92-93. – ›London‹ [»London«], pp. 95-96. – ›Das menschliche Wesen‹ [»The Human Abstract«], pp. 96-97. – ›Kindchen Kummer‹ [»Infant Sorrow«], p. 97. – ›Ein kleiner verlorener Junge‹ [»A Little Boy Lost«], p. 98. – ›Ein kleines verlorenes Mädchen‹ [»A Little Girl Lost«], pp. 99-100. – ›Der Schuljunge‹ [»The School Boy«], pp. 102-103.

WILLIAM WORDSWORTH

›Wir sind sieben‹ [»We Are Seven«], in: DSG, pp. 165-169 Ü: Uwe Grüning. – ›Zeilen, einige Meilen oberhalb Tintern Abbey geschrieben, als ich die Ufer des Wye auf einem Ausflug wiedersah. 13. Juli 1798‹ [»Lines. Written a Few Miles above Tintern Abbey, on Revisiting the Banks of the Wye during a Tour. July 13, 1798«], in: Gothein, pp. 15-20 Ü: Marie Gothein. – ›Mir siegelte der Schlaf den Sinn...‹ [»A slumber did my spirit seal...«], in: DSG, p. 185 Ü: Werner Günzerodt. – ›Sie wohnte, wo unbetretener Grund...‹ [»She dwelt among the untrodden ways...«], in: DSG, p. 181 Ü: Uwe Grüning. – ›Oft bringt seltsamer Ahnung Spiel...‹ [»Strange fits of passion have

I known...«], in: Gothein, pp. 20-21 Ü: Marie Gothein. – ›Bei fremden Menschen wandert ich...‹ [»I travelled among unknown men...«], in: Gothein, p. 23 Ü: Marie Gothein. – ›An eine Feldlerche‹ [»To a Sky-lark«], in: DSG, pp. 185-187 Ü: Uwe Grüning. – ›Ach, gar zuviel gilt uns die Welt...‹ [»The world is too much with us...«], in: DSG, p. 205 Ü: Uwe Grüning. – ›Welch schöner Abend!‹ [»It is a beauteous evening, calm and free...«], in: Gothein, p. 122 Ü: Marie Gothein. – ›Auf der Westminster-Brücke. 2. September 1802‹ [»Composed upon Westminster Bridge. Sept. 2, 1802«], in: Gothein, p. 121 Ü: Marie Gothein. – ›An den Kuckuck‹ [»To the Cuckoo«], in: Goldscheider, pp. 322-323 Ü: Ludwig Goldscheider. – ›Ode. Andeutungen über die Unsterblichkeit aus Erinnerungen an die frühe Kindheit‹ [»Ode. Intimations of Immortality from Recollections of Early Childhood«], in: Gothein, pp. 70-77 Ü: Marie Gothein. – ›Sie war eine Elfe, licht und leicht...‹ [»She was a phantom of delight...«], in: Gothein, pp. 63-64 Ü: Marie Gothein. – ›Ich zog allein der Wolke gleich...‹ [»I wandered lonely as a cloud...«], in: Gothein, pp. 64-65 Ü: Marie Gothein. – ›Die einsame Schnitterin‹ [»The Solitary Reaper«], in: Gothein, pp. 60-61 Ü: Marie Gothein.

SAMUEL TYLOR COLERIDGE

›Kubla Khan. Oder: Eine Traumvision. Ein Fragment‹ [»Kubla Khan. Or, A Vision in a Dream. A Fragment«], in: DSG, pp. 277-281 Ü: Wolfgang Breitwieser. – ›Die Ballade vom alten Seemann‹ [»The Rime of the Ancient Mariner«]. Übertr. und ed. von Heinz Politzer, Frankfurt/M.: Insel 1968.

GEORGE GORDON, LORD BYRON

›Erinnre nie, erinnre nie...‹ [»Remind me not, remind me not...«], in: Böttger, pp. 301-302 Ü: Adolf Böttger. – ›In ihrer Schönheit wandelt sie...‹ [»She walks in beauty...«], in: Schücking, p. 181 Ü: Otto Gildemeister. – ›In mir ist Nacht...‹ [»My soul is dark...«], in: Schmitz, vol. 2, p. 751 Ü: Ungenannt. – ›Ich sah dich weinen...‹ [»I saw thee weep...«], in: Schmitz, vol. 2, p. 751 Ü: Otto Gildemeister. Überarb. von Siegfried Schmitz. – ›Als wir einst schieden...‹ [»When we two parted...«], in: Böttger, pp. 312-313 Ü: Adolf Böttger. – ›Strophen für Musik‹ [»Stanzas for Music«], in: Böttger, pp. 272-273 Ü: Adolf Böttger. – *Childe Harolds Pilgerfahrt* (Auszüge). [*Childe Harold's Pilgrimage*]. Dritter Gesang, 50-51, 55, 58-61, in: Schmitz, vol. 1, pp. 87, 88-91; vierter Gesang, 1-4, 18-19. in: Schmitz, op. cit., pp. 113-114, 117-118; zweiter Gesang, 73, 84-91, in: Schmitz, op. cit., p. 65, 68-70 Ü: Otto Gildemeister. – ›Lebe wohl, und sei's auf immer...!‹ [»Fare thee well! and if for ever...«] Ü: Heinrich Heine, in: Goldscheider, pp. 310-312. Die Übers. des Mottos stammt aus Schmitz, vol. 2, p. 778. – ›Prometheus‹ [»Prometheus«], in: Gildemeister, vol. 3, pp. 265-266 Ü: Otto Gildemeister. – »Also, schwärmen soll ich nimmer...‹ [»So, we'll go no more a-roving...«], in: Gildemeister, vol. 3, p. 269 Ü: Otto Gildemeister. – ›An diesem Tag vollende ich mein sechsunddreißigstes Jahr‹ [»On this day I complete my thirty-sixth year«], in: Böttger, pp. 315-316 Ü: Adolf Böttger.

PERCY B. SHELLEY

›Gedanken eines Republikaners beim Sturz Bonapartes‹ [»Feelings of a Republican on the Fall of Bonaparte«]. Deutsch von Karl Heinz Berger, in: Höhne, p. 79. – ›Wechsel‹ [»Mutability«]. Übers. von Adolf Strodtmann, in: BH, p. 43. – ›Hymne an die geistige Schönheit‹. Fassung des Notizbuches von 1816 [»Hymn to Intellectual Beauty«]. Deutsch von Karl Heinz Berger, in: Höhne, pp. 87-93. – ›Mont Blanc. Zeilen, geschrieben im Tal von Chamonix‹ [»Mont Blanc. Lines written in the vale of Chamouni«]. Deutsch von Karl Heinz Berger, in: Höhne, pp. 93-101. – ›Ozymandias‹ [»Ozymandias«]. Übertr. von Alexander von Bernus, in: Bernus, p. 105. – ›Sonett: Heb den bemalten Schleier nicht...‹ [»Sonnet: Lift not the painted veil...«]. Deutsch von Roland Erb, in: Höhne, pp. 109-111. – ›In Niedergeschlagenheit bei Neapel‹ [»Stanzas Written in Dejection, near Naples«]. Übers. von Alfred Wolfenstein, in: BH, pp. 72-73. – ›An Englands Männer‹ [»Song to the Men of England«]. Übers. von Julius Seybt, in: BH, pp. 61-62. – ›Philosophie der Liebe‹ [»Love's

Philosophy«]. Deutsch von Karl Heinz Berger, in: Höhne, pp. 131-133. – ›Ode an den Westwind‹ [»Ode to the West Wind«]. Übers. von Innozenz Grafe, in: Goldscheider, pp. 324-326. – ›Die Wolke‹ [»The Cloud«]. Übers. von Ursula Clemen, in: Clemen, pp. 13-17. – ›An eine Lerche‹ [»To a Skylark«]. Übers. von Ursula Clemen, in: Clemen, pp. 19-25. – ›Freiheit‹ [»Liberty«]. Deutsch von Karl Heinz Berger, in: Höhne, p. 157. – ›Die Toten‹ [»Death«]. Übers. von Adolf Strodtmann, in: BH, p. 74. – ›An die Nacht‹ [»To Night«]. Übers. von Ursula Clemen, in: Clemen, pp. 41-43. – ›An –‹ [»To –«]. Deutsch von Karl Heinz Berger, in: Höhne, p. 169. – ›Zeilen: Ist die Lampe zerschlagen‹ [»Lines: When the lamp is shattered«]. Deutsch von Rainer Kirsch, in: Höhne, pp. 189-191.

JOHN KEATS

Die Übersetzungen stammen aus der Feder von Marie Gothein und sind der folgenden Ausgabe entnommen: Marie Gothein: *John Keats. Leben und Werke*, Vol. II: *Werke*, Halle a.d. S.: Max Niemeyer 1897:
›O Einsamkeit, muß ich mich dir gesellen...‹ [»O Solitude! if I must with thee dwell...«], p. 277. – ›Wer allzu lang in Städte eingeschlossen...‹ [»To one who has been long in city pent...«], p. 279. – ›Auf Chapmans Homer‹ [»On First Looking into Chapman's Homer«], p. 280. – ›Meinen Brüdern‹ [»To My Brothers«], p. 278. – ›Die Grille und das Heimchen‹ [»On the Grasshopper and Cricket«], p. 281. – ›Widmung an Leigh Hunt, Esq.‹ [»To Leigh Hunt, Esq.«], p. 286. – ›Fürcht' ich, daß frühem Tod mein Sein verfällt...‹ [»When I have fears that I may cease to be...«], p. 283. – ›An Ailsa Rock‹ [»To Ailsa Rock«], p. 287. – ›An Homer‹ [»To Homer«], p. 284. – ›Warum lacht' ich heut nacht?‹ [»Why did I laugh tonight?«], p. 289. – ›Glanzvoller Stern! wär ich so stet wie du...‹ [»Bright star, would I were stedfast as thou art...«], p. 293. – ›Es ging der Tag und mit ihm alles Schöne!...‹ [»The day is gone, and all its sweets are gone!...«], p. 291. – ›La Belle Dame sans Merci‹, pp. 275-276. – ›Ode an Psyche‹ [»Ode to Psyche«], pp. 241-243. – ›Ode an den Müßiggang‹ [»Ode on Indolence«], pp. 232-234. – ›Ode an die Nachtigall‹ [»Ode to a Nightingale«], pp. 237-240. – ›Ode auf eine griechische Vase‹ [»Ode

Nachweis der Abbildungen

Inhalt

WILLIAM BLAKE

Lieder der Unschuld. [Songs of Innocence]

Lieder der Erfahrung. [Songs of Experience]

JOHN KEATS

ANHANG

Englische und amerikanische Literatur
im insel taschenbuch

153/2/12.96

Englische und amerikanische Literatur
im insel taschenbuch

153/3/12.96

Englische und amerikanische Literatur
im insel taschenbuch

Englische und amerikanische Literatur
im insel taschenbuch

153/5/12.96